高等职业教育创新创业系列教材

初创团队新产品开发手册

主　编　王新涛　冯明发
副主编　马建勇　易维平
参　编　王程程　杨　广　韩晓洁

机械工业出版社

本书是国家级职业教育创新创业教育教学资源库配套教材、高等职业教育在线开放课程新形态一体化教材。

编者结合自身企业产品开发经验与高校从教经验，聚焦高校初创团队，遵循从 0 到 1、从 1 到 N 的产品构建步骤，解读产品开发流程，重点从产品思维、产品能力、产品方法三大维度解析如何打造一款"爆品"，通过介绍产品管理、市场营销、互联网运营及产品复盘的相关知识，系统全面地再现企业产品规划、开发、管理流程，为高校学生实施"专创融合"、开发"双创项目"提供理论支撑与方法指导。

本书配有动画视频，扫描书中二维码即可进行观看。

本书配有电子课件，凡使用本书作为教材的教师可登录机械工业出版社教育服务网（www.cmpedu.com）下载。咨询电话：010-88379375。

图书在版编目（CIP）数据

初创团队新产品开发手册/王新涛，冯明发主编. —北京：机械工业出版社，2021.8
高等职业教育创新创业系列教材
ISBN 978-7-111-69176-1

Ⅰ.①初… Ⅱ.①王… ②冯… Ⅲ.①产品开发-高等职业教育-教材 Ⅳ.①F273.2

中国版本图书馆 CIP 数据核字（2021）第 192030 号

机械工业出版社（北京市百万庄大街22号　邮政编码100037）
策划编辑：杨晓昱　　责任编辑：杨晓昱　马新娟
责任校对：张　力　　封面设计：马精明
责任印制：单爱军
北京虎彩文化传播有限公司印刷
2021 年 11 月第 1 版第 1 次印刷
180mm×254mm・13 印张・245 千字
标准书号：ISBN 978-7-111-69176-1
定价：45.00 元

电话服务	网络服务
客服电话：010-88361066	机　工　官　网：www.cmpbook.com
010-88379833	机　工　官　博：weibo.com/cmp1952
010-68326294	金　书　网：www.golden-book.com
封底无防伪标均为盗版	机工教育服务网：www.cmpedu.com

前　言

> 活着就是为了改变世界，难道还有其他原因吗？
> ——史蒂夫·乔布斯

瓦特发明了蒸汽机，引起了工业革命；爱迪生发明了电灯，改变了世界的照明方式；乔布斯将电脑和手机在美学观感与简约优雅中不断集成和升华，深刻地改变了现代通信、娱乐、生活方式。他们凭借敏锐的洞察力和过人的智慧，勇于变革，开拓创新；凭借对产品高超的驾驭能力，做出了改变世界的产品。

在"大众创业、万众创新"时代背景下，我国迎来了一股规模空前的创业热潮，为经济发展注入了新活力。《国务院办公厅关于深化高等学校创新创业教育改革的实施意见》（国办发〔2015〕36号）、《教育部关于印发〈国家级大学生创新创业训练计划管理办法〉的通知》（教高函〔2019〕13号）等政策的落地为高校"双创"指明了方向。在利好政策驱动与技术高速发展的推动下，我们迎来了创新创业的黄金时代。作为当代大学生，作为新时代的新青年，我们应该有所追求，敢为人先，放飞青春梦，勇立潮头建功新时代。

纵观全球企业创业史，所有企业都是起步于产品，从单一的产品开始突破。只有用产品去满足用户、打动用户，用户才会认可你的产品。因此，打造产品是创业的核心环节，产品的好坏将直接影响创业的成败。创业者需要拥有打造产品的思维和能力，只有充分掌握打造产品的规律并且在每一环节追求精益求精，才能拥有打开创业成功之门的钥匙，完成一场与创业的完美邂逅。区别于社会创业者，高校创业者具备丰富的专业知识体系，但缺乏社会经验，本书针对高校创业者，传授在市场竞争日益激烈、产品同质化日趋严重的情况下打造具有市场竞争力的产品的知识与技巧。目前图书市场中，针对高校创业者的产品开发类教材寥寥无几。

本书主编之一王新涛曾先后任职酷派集团、TCL集团的产品经理岗位，积累了丰富的全球市场开拓与产品战略规划经验，现任职于深圳职业技术学院，主要研究方向为创新创业教育。在本书的编写过程中，编者结合自身企业产品开发经验与高校从教经验，聚焦高校初创团队，遵循从 0 到 1、从 1 到 N 的产品构建步骤，解读产品开发流程，重点从产品思维、产品能力、产品方法三大维度解析如何打造一款"爆品"，通过介绍产品管理、市场营销、互联网运营及产品复盘的相关知识，系统全面地再现企业产品规划、开发、管理流程，为高校学生实施"专创融合"、开发"双创项目"提供理论支撑与方法指导。

由于编者水平有限，书中不妥之处在所难免，欢迎广大读者批评指正。

编　者

动画二维码清单

名称	二维码	名称	二维码
动画1 产品场景化设计流程		动画5 产品能力之逻辑分析能力	
动画2 产品机会评估方法		动画6 三种场景下的哈密瓜购买体验	
动画3 价格敏感度测试模型		动画7 突破认知障碍,创造竞争优势	
动画4 马斯洛需求层次理论			

目 录

前言
动画二维码清单

绪论 // 001

第 1 章　如何培养产品思维 // 003

1.1　思维认知 // 004
　　1.1.1　认知偏差——邓宁-克鲁格效应 // 004
　　1.1.2　认知突围——打破思维认知天花板 // 006
1.2　用户思维：从用户中来，到用户中去 // 009
1.3　商业思维：回归产品商业本质 // 012
1.4　极致思维：打造超越用户想象的产品 // 014
1.5　系统思维：俯瞰全局，以简驭繁 // 016
项目训练卡 // 019

第 2 章　如何提升产品能力 // 020

2.1　冰山模型 // 021
　　2.1.1　冰山上部——知识与技能 // 022
　　2.1.2　冰山中部——产品能力 // 023
　　2.1.3　冰山下部——产品天赋 // 025
2.2　步骤一：提升产品核心能力 // 027
　　2.2.1　发现需求 // 027
　　2.2.2　管理需求 // 030
　　2.2.3　满足需求 // 033
2.3　步骤二：提升产品通用能力 // 035
　　2.3.1　高效沟通能力 // 035
　　2.3.2　逻辑分析能力 // 037

2.3.3　自主学习能力 // 039
　　　2.3.4　勇于创新能力 // 040
　　　2.3.5　深度思考能力 // 043
　2.4　常用技能工具箱 // 045
　项目训练卡 // 047

第 3 章　如何实施产品规划 // 048

　3.1　步骤一：产品机会识别与评估 // 049
　　　3.1.1　马斯洛需求层次理论 // 049
　　　3.1.2　用户调研与用户画像 // 053
　　　3.1.3　市场分析与行业洞察 // 071
　　　3.1.4　竞品分析 // 081
　　　3.1.5　产品机会评估表 // 095
　3.2　步骤二：明确产品定位 // 097
　　　3.2.1　产品定位"三三三"法则 // 097
　　　3.2.2　定位产品功能 // 101
　　　3.2.3　定位产品价格 // 104
　3.3　步骤三：基于场景设计产品 // 112
　　　3.3.1　场景消费模型 // 112
　　　3.3.2　产品场景化设计流程 // 114
　　　3.3.3　产品场景化设计典型案例 // 117
　项目训练卡 // 118

第 4 章　如何管理产品开发 // 120

　4.1　步骤一：开一场需求评审会 // 121
　　　4.1.1　需求评审会概念解读 // 121
　　　4.1.2　需求评审会"三部曲" // 123
　　　4.1.3　需求变更应对策略 // 125
　4.2　步骤二：提升产品研发效率 // 127
　　　4.2.1　研发管理概念解读 // 127
　　　4.2.2　玩转研发管理"铁三角" // 129

4.2.3 开启敏捷开发模式 // 131

4.2.4 构建知识产权壁垒 // 134

4.3 步骤三：夯实供应链基础 // 138

4.3.1 供应链管理概念解读 // 139

4.3.2 供应商开发寻源原则 // 143

4.3.3 企业战略采购八步法 // 145

4.3.4 产品成本优化策略 // 147

项目训练卡 // 150

第 5 章 如何开展市场营销与互联网运营 // 152

5.1 步骤一：走近市场营销与互联网运营 // 153

5.1.1 市场营销与互联网运营概念解读 // 153

5.1.2 驾驭产品、营销、运营"三驾马车" // 156

5.2 步骤二：整合市场营销策略 // 158

5.2.1 市场营销理念演变 // 159

5.2.2 内容营销：设计购买理由 // 164

5.2.3 场景营销：营造消费场景 // 168

5.2.4 口碑营销：提升传播动力 // 171

5.3 步骤三：拓宽互联网运营渠道 // 175

5.3.1 互联网运营理念演变 // 175

5.3.2 用户运营：精细管理用户 // 178

5.3.3 内容运营：传递产品调性 // 182

5.3.4 活动运营：引起用户关注 // 183

项目训练卡 // 187

第 6 章 如何进行产品复盘 // 188

6.1 产品复盘概念解读 // 189

6.2 GRAI 产品复盘法 // 192

项目训练卡 // 197

参考文献 // 199

绪　论

20世纪初,占领市场的产品销售比拼的是产能,流水线制度的诞生使提高生产效率的福特成为时代明星;20世纪中期,占领市场的产品销售比拼的是营销和渠道,铺货能力强、广告预算高的宝洁成为市场霸主;如今,产品已成为企业的核心竞争力,iPhone、微信、Facebook、特斯拉等登上了世界舞台。

互联网技术的迅速普及应用,最大限度地实现了信息共享,提高了信息资源的利用率;开源代码、3D打印技术的快速发展与成熟,大大降低了创新门槛,提升了初创团队的产品开发能力。在时代带来红利的同时,全球范围内消费升级的步伐正在加快,流量红利逐步消退,行业巨头垄断格局正在形成。初创团队在产品开发初期陷入竞争激烈境况的同时,还要面对资金匮乏、人力资源紧张、抗风险能力较低的内部困境。在内外困境交加的背景下,初创团队应该如何提升团队驾驭产品的能力,如何开发新产品呢?

要想开发一款成功的新产品,初创团队需要具备敏捷的产品思维能力、超强的产品驾驭能力,并且能够从用户需求出发,寻找一个财务与市场成功的细分用户群,从竞争和资源的角度确定新产品的功能、技术和卖点,输出产品开发的路标规划,交予研发团队进行开发,同时,在产品发布前要进行产品的市场营销与互联网运营策划,在产品发布后要进行产品的跟踪分析及用户关系管理。

本书基于初创团队的现状,参考企业成熟产品开发流程,以培养具备产品驾驭能力的创新型人才为目标,为初创团队提供新产品开发指南。本书设计遵循学生认知规律与人才培养要求,依次从培养产品思维、提升产品能力、掌握产品方法三大维度解析如何打造一款"爆品",章节结构遵循从0到1、从1到N的产品构建步骤,系统再现了从产品规划、产品开发、市场营销、互联网运营到产品复盘的企业产品开发流程及实施技巧。

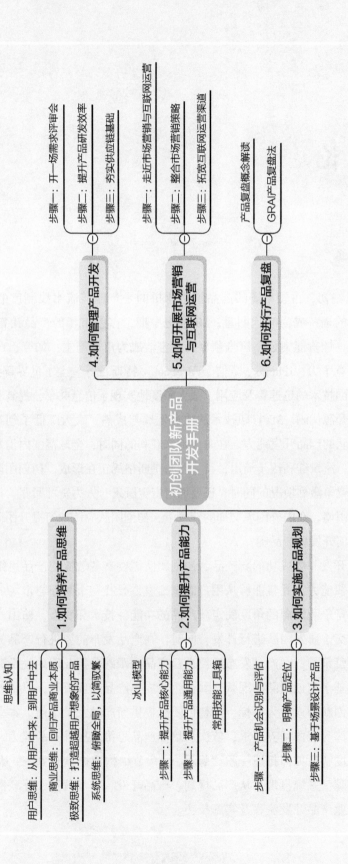

第 1 章
如何培养产品思维

 本章知识点思维导图

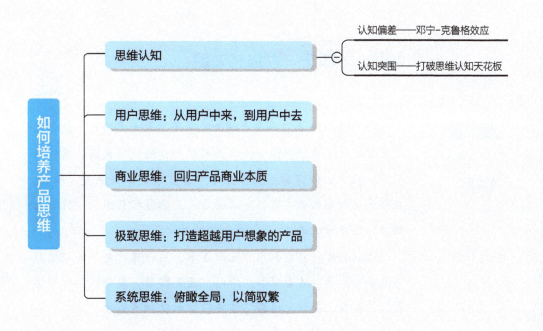

1.1 思维认知

> 我发现思维模式对人的影响，比人们想象的还要大，毫不夸张地说，思维模式正在不动声色地操纵你的人生。
>
> ——心理学家卡罗尔·德韦克

认知是个体认识客观世界的心理过程。每个人的大脑都有一套算法，是由环境投射和自主意识共同进化而成的。一个人的思维模式一旦形成，就基本成为这个人特有的思维认知，这也是我们常说的惯性思维。不管遇到什么事情，人们倾向于用这种特有的思维定式来决定他的行为方式，从而促成某种结果的产生。

1.1.1 认知偏差——邓宁－克鲁格效应

案例剖析

1995年的一天，一个大块头的中年男人麦克阿瑟·惠勒在光天化日之下抢劫了匹兹堡的两家银行，他没有戴面具或任何伪装，在走出银行时，他甚至还对着监控摄像头微笑。后来，在警方给被捕的麦克阿瑟·惠勒看当天的监控录像时，他令人难以置信地咕哝着说："可我涂了柠檬汁。"

因为柠檬汁可以被用作隐形墨水，用柠檬汁写下的字迹只有在接触热源时才会显形。所以，麦克阿瑟·惠勒认为把柠檬汁涂在皮肤上会使他隐形，这样摄像机就拍不到他，只要他不靠近热源，他就应该是完全隐形的。

最后警方的调查认为，麦克阿瑟·惠勒既没有疯，也没有吸毒，他只是很夸张地"搞错了"柠檬汁的隐形用法罢了。

上述案例引起了康奈尔大学心理学家大卫·邓宁（David Dunning）与贾斯廷·克鲁格（Justin Kruger）的注意，他们通过对人们阅读、驾驶、下棋或打网球等各种技能的研究发现：

- 能力差的人通常会高估自己的技能水准。
- 能力差的人不能正确认识到其他真正有此技能的人的水准。
- 能力差的人无法认知并正视自身的不足及其不足之极端程度。
- 如果能力差的人能够通过恰当训练大幅提高能力水准，则他们最终会认知到且能承认他们之前的无能程度。

 知识探究

邓宁-克鲁格效应（见图1-1）是一种认知偏差现象，指的是能力欠缺的人总有一种虚幻的自我优越感，习惯在自己欠考虑的决定的基础上得出错误结论，但又无法正确认识到自身的不足，辨别错误行为。

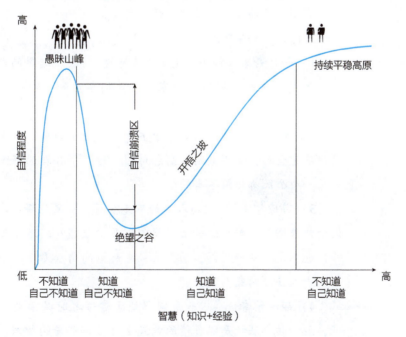

图1-1 邓宁-克鲁格效应

那么，邓宁-克鲁格效应该如何理解呢？自信程度第一个巅峰叫作愚昧山峰，表现为"不知道自己不知道"，此时认为自己就是真理，自己认为对的东西一定是对的,并且不接受反驳,除此之外,对新的知识和信息全部拒绝接受。越固执的人,这个山峰就越高。当自愿或者不自愿地跌落到了谷底,才发现自己过去的认知都是错误的,就会极度悲伤、极度绝望,这个谷底就叫作绝望之谷,表现为"知道自己不知道"。经历这个磨难后再慢慢挣扎上路,走向上坡,这个坡就叫作开悟之坡,表现为"知道自己知道"。经过开悟之坡后到达持续平稳高原,表现为"不知道自己知道"。

因此,要想避开邓宁-克鲁格效应,我们就需要理性地认知世界,不要被优越感的幻觉蒙蔽,积极突破思维的城墙,冲出舒适区,将认知从愚昧山峰推向绝望之谷,进而推向开悟之坡,最终到达持续平稳高原。

1.1.2 认知突围——打破思维认知天花板

| 案例剖析 | 认知层次决定你的命运

有个社交场合,好多朋友聚坐闲谈。

这时候,一架飞机正从空中飞过。

1)一位老军人仰头,充满自豪地说:"飞机起飞的那个机场,是我们修的,那年月国家穷,我们当兵的,都怀一腔热血,矢志无私奉献。"

2)商人说:"对于军人,我是打心底里尊敬的。只是感觉这事不完全对,诚实劳动、勤恳付出之后获得合理的报酬,这是每一个公民都应该享有的权利。"

3)道德学家说:"商人说的不完全对,如果凡事都以冰冷的金钱来衡量,那么这世上还能剩下多少温暖?我不是反对公平,也不是不支持规则,而是从社会总体的角度看,一个社会不能走入狭隘的交易误区。"

4)经济学者说:"一个国家处于贫穷之时必须要负债经营,最好的办法就是以负债的方式支付修建机场的费用,让财富回归社会,加大货币的流通量。"

5)社会心理学家说:"经济学者的讲话,我很赞同。但是,人类社会的构成并非只有经济这一个维度,很多事情是很难交易化的。"

6）系统学家说："一个社会犹如一个完整的有机体，需要军人，也需要商人、道德学家、经济学者，同样也需要社会心理学家，大家各自做好自己的工作，相互尊重，相互扶助，这样社会才会越来越好。"

7）认知学家走出来说："军人义务修建机场是一个事实。这个事实构成了当事人生命的记忆，因此他引以为自豪。在这个当事人引以为自豪的事上，我们先听到了掌声，这是第一时间的心理冲动，是我们的社交本能。然后我们听到的是商人的情绪，接下来听到了道德学家的立场。此二者相互对立，并因对方存在而存在。随后我们还见到了事件的经济维度，并引出了事件的社会心理维度。此二者仍是个对立体，构成新的认知层级。"

知识探究

当我们面对一件事情时，第一反应是本能，第二反应是情绪，第三反应是立场，第四反应是利益，第五反应是兼顾他人的社会心理，第六反应是认识到前五种反应并无高低优劣之别，而是一个完整认知的五个组成部分。

同一个世界，同一个问题，每个人看到的东西不一样，得出的结论不一样，采取的行动不一样，最终的结果也不一样。人与人的区别就在于思维认知。我们要做的是认知突围，即打破思维认知天花板。在行业快速迭代变迁中，涌现了大量优秀产品，如微信、iPhone、特斯拉、抖音……深入探究，我们就会发现这些产品背后蕴藏着相似的产品思维，那就是用户思维、商业思维、极致思维、系统思维。作为初创团队的我们，要打造产品并交付用户使用，这就需要突破个人认知、团队认知，积极打破思维认知天花板，要从用户、市场、商业等多角度来思考，用产品思维来规划产品。

那么，应该如何打破思维认知天花板，实现认知突围呢？常用方法有以下三种：

（1）设定较高目标

目标产生积极的心态，目标是努力的依据，可以给自己设定一个较高的目标，但这个目标并不是可望而不可即的。通过目标的刺激，强迫自己思维升级，实现认知突围。

（2）广泛涉猎知识

思维认知建立在知识积累的基础上，一个人长年累月地接触固有的、局部的信息，久而久之会形成惯性思维，认为事情本身就是如此，因此广泛涉猎知识是非常有必要的。

（3）广与智者交流

古人云："近朱者赤，近墨者黑。"与智者为伍，不是单纯地去学别人让自己变得多聪明，而是与有智慧、有见解的人交往，他们有更高的认知和独到的眼光，可以指点迷津，打破思维认知天花板。

 讨论与思考

　　一个待开发的小镇。第一个商人开了一个加油站，生意特别好；第二个商人开了一家餐厅；第三个商人开了一个超市；等等。这个小镇很快就繁华了。

　　另一个刚开发的小镇。第一个商人开了一个加油站，生意特别好；第二个商人开了第二个加油站。接下来第三个商人、第四个商人开了第三个、第四个加油站……恶性竞争，大家都没得"玩"了。

　　请从思维认知的角度分析出现这两种截然不同的结果的原因。若你作为商人去一个待开发的小镇投资，你会怎么做？

1.2 用户思维：从用户中来，到用户中去

> 企业的使命是创造并留住顾客。
> ——"现代管理学之父"彼得·德鲁克

"随着人口红利、流量红利的退去，市场竞争加剧……"

"随着人口红利、流量红利、资本红利的退去，越来越多的企业正在面临着增长难题……"

相信大家对上述情景并不陌生，随着中国经济 40 年的高速发展，现代商业的竞争已经逐步由"抢产能""抢货架""抢宣传"的时代过渡到"产品为王""用户为王"的时代。为什么会出现上述变化？作为初创团队的我们，应该用什么样的思维去适应这个变化的时代呢？

|案例剖析| 小米道路成功的哲学：米粉文化的打造

提到小米，大家第一印象是什么？相信很多人对于小米的印象就是一家手机硬件企业，但小米成立后的第一款产品并非手机，而是自主开发的（米柚）MIUI 操作系统。

手机初创企业，应该先做出硬件产品，还是摸索操作系统？不同于大多数手机厂商"先上船再补票"的做法，小米选择基于安卓系统来深度开发自有操作系统。

2010 年 8 月，小米发布首个正式版本 MIUI，同时开放小米论坛。起初论坛只有 100 名用户和 1 名小米工程师，并未形成决定性的影响。直到一年后发布第一代小米手机，小米要求买小米手机必须注册论坛号，论坛开始广为人知，这为后期打造米粉文化打下重要的基础。

"和用户做朋友"是米粉文化中至关重要的一环。在论坛上，小米针对用户需求，开创了"橙色星期五"开发模式。这

一模式的核心在于，与用户建立良好的反馈机制，并进行系统快速迭代。

　　小米在产品上市之前就开始构建自己的用户社群和用户社区，通过推出 MIUI 系统吸引了大批用户，通过深入用户来了解市场需要什么样的手机产品，通过用户来了解市场的实时动态，由此开发出了小米手机产品。这使小米手机一问世就主导了互联网新营销模式的网络销售，使用户宁愿通过网络排队抢购小米手机，也不去实体店购买其他手机产品。2013 年，小米精心制作的《100 个梦想的赞助商》微电影上映，以此对几年来陪伴小米一起走过的米粉们表示最真诚的感谢。每年一次的"米粉节"如图 1-2 所示。

图 1-2　每年一次的"米粉节"

这是一个用户思维已经得到验证的案例。初创团队首先要定位自己的目标用户，然后想办法与目标用户建立联系，站在用户的中心去了解用户，站在用户的角度来思考问题。

 知识探究

"用户为王"的时代已经到来。

（1）卖方市场向买方市场演变

　　改革开放 40 多年来，我国已经告别了短缺经济时代，各行各业开始呈现产品供过于求、市场竞争日趋激烈的趋势，卖方市场开始向买方市场演变。卖方市场是由卖方起主导作用的一种市场类型，主要表现为商品供不应求，卖方在市场交易中处于有利地位，即使提高商品价格，也能将商品卖出。买方市场是由买方起主导作用的一种市场类型，主要表现为商品供过于求，卖方之间的竞争激烈，都会积极采取各种营销策略推销商品，买方在市场交易中处于有利地位。

（2）消费升级趋势的来临

　　当越来越多的消费者跨入中产阶层，并愿意为个性和品质买单时，消费升级所潜藏的商机也呈排山倒海之势滚滚而来。但我们不能将"消费升级"和"更贵"画等号，消费升级是"更好"，是消费者在自己的消费能力范围内，以更加便捷的方式获得"生活最优解"。

（3）新技术加速进入应用爆发期

社群共享经济等新的商业模式使企业有机会低成本地接触大量用户。将用户拉到研发环节甚至产品定义环节的用户端经营模式开始改变，当用户的声音越来越强时，开始倒逼产品端进行改革。

用户思维，顾名思义是指"站在用户的角度来思考问题"的思维，或者更广泛地说，就是站在对方的角度换位思考。站在用户的角度思考，首先要把自己当作真实的用户，用用户的语言表述用户关注的点，帮助用户思考和判断，从而使用户能够快速获取自己所需的信息，最终做到"从用户中来，到用户中去"。

特别对于初创团队，从商业模式设计、产品定义到市场推广，都应首先归结为对用户的洞察与研究，一定要提前想清楚产品究竟为哪类用户服务，然后走近这类用户，去了解他们是否真正需要这款产品，产品定价能否为这类用户所接受，推广渠道能否抵达这类用户，把自己当作用户，深入用户去了解用户的真实诉求。

| 讨论与思考 |

360公司创始人周鸿祎在一次演讲中反思了第一代360路由器为什么失败，他说最大的教训是"千万不能用工程师思维来做产品"，360第一代路由器采用内置天线技术，网线接口只做了两个，外观是鹅卵石形状，外形小巧优美，但这种看似完美的产品却遭受了销售的困境。这是为什么呢？请对比360第一代、第二代路由器（见图1-3），尝试从用户思维角度进行分析。

图1-3 360第一代、第二代路由器对比

1.3 商业思维：回归产品商业本质

> 发现需求，创造价值，满足需求，获得回报，这就是商业的本质。
>
> ——佚名

在学习本节前，我们先来了解一下产品与商品的区别。

产品是指技术上可以实现并被制造的物品。商品首先是一个具有用户价值的产品，其需要包含被用户购买的理由，具有被成功营销的可能性及被高效制造和贩卖的空间，且分发渠道能够获得合理利益。所以，一个产品仅仅做到可制造，或有了一个可被购买的理由，仍然是初级的，距离成为商品还很远。

那么，什么是商业思维呢？仅仅是开发可以盈利的产品吗？

案例剖析 锤子手机产品打造之路——不为输赢，只为认真

图1-4为网上流传的一张在昏暗灯光下伏案设计的匠人照片。照片中的匠人正是锤子科技的创始人罗永浩。

图1-4 锤子手机创始人的工匠之路

罗永浩从一名英语老师转型做手机时，并不被人们看好，这对于他来说并不容易。因为人们认为他再有情怀也是一个教英语的，他不懂手机，也不懂手机产业链，他注定要失败。

虽然前两代锤子手机在商业上的确并不成功，甚至可以说是失败的，但从产品体验上看，它却超越了国内外很多手机，

甚至是出类拔萃的。锤子科技的第一代产品——Smartisan T1 手机，是首次获得德国 iF 设计奖金奖的国产智能手机，也是 2015 年德国 iF 设计奖唯一获得金奖的手机。

罗永浩透露，创业初期对于工程实现的难度估计不足，导致第一代产品没能解决好供货问题，彻底让这代产品埋没在供应链上。

由此来看，仅仅靠一股"技术能改变世界"的勇气来做产品，如果不具备满足市场需求的商业思维，注定是不会取得好成绩的。企业要想生存下去，就必须实现盈利，最终还要持续盈利，因此在设计之初就需要考虑好盈利模式。

知识探究

"羊毛出在羊身上"这一商业逻辑与"世上没有免费的午餐"属于同一商业伦理，所有的商业盈利模式都在自觉或不自觉地遵守这一准则，无论买家还是卖家，买卖的基础是"羊毛出在羊身上"。然而随着移动互联网的出现，现在商业市场已经从当初的"羊毛出在羊身上"转变为"羊毛不出在羊身上"，再到"羊毛不出在羊身上且由买卖双方之外的第三者来买单"，盈利模式发生了巨变，但商业的本质并没有发生变化，即"发现需求，创造价值，满足需求，获得回报"。

真正的商业思维不能狭隘地理解为通过制造信息不透明尽可能欺骗用户来实现产品盈利，而是回归产品商业本质，制定合理的商业盈利模式，注重以合理的定价为用户带来购买的愉悦感，为企业赚取合理利润，其核心在于利润与成本，这就需要产品在整个生产、制造、传播、贩卖的链条里都保持最高的效率。

这里提到的"用户"包括但不限于最终用户，还包括从上游到下游的合作伙伴，只有大家取得了共赢，产品才能最高效率地到达用户手里，降低用户的总体拥有成本。一旦偏离了这种商业思维，产品的用户价值就很容易被扭曲。

讨论与思考

近年来共享经济火热发展，涌现了一大批优秀平台，请选择一款产品，讨论其产品背后的商业思维。

1.4 极致思维：打造超越用户想象的产品

> 这辈子没法做太多事情，所以每一件都要做到精彩绝伦。生活就是一件让人倾尽全力、充满智慧的作品，一切都不能任意而为。
>
> ——史蒂夫·乔布斯

当音乐播放器主流容量为 64MB、128 MB 时，做得足够好的是 512 MB，而极致的是 1GB，这款产品叫作 iPod。

当电子邮箱的主流容量是 4MB、8MB 时，做得足够好的是 20MB，而极致的是 1GB，这款产品叫作 Gmail。

当我们沉浸在主流产品横行时，听到极致产品的第一反应就是"天啊！太不可思议了！这居然是真的！"。

|案例剖析| 用极致征服世界的"苹果教父"乔布斯

1997 年，乔布斯回归苹果公司后，通过一系列行动措施扭转了苹果公司的颓势，才有了苹果公司今天的局面。苹果公司成功的背后是乔布斯独特个性造就的领导风格——专注，然后做到极致。

iPhone 4 显示了"苹果王朝"的雏形。2010 年 6 月 8 日凌晨 1 点（北京时间），乔布斯在美国莫斯科尼（Moscone）会展中心举行的全球开发者大会上发布了苹果第四代手机 iPhone 4，开启了触摸屏手机的时代，如果我们关注 iPhone 4 的设计工艺及制造工艺，就可以发现苹果公司在产品上的极致思维。

从手机的颜色到手感再到磨砂感金属的视觉细腻程度，一切都是经过精心设计的，没有一个细节是未经处理的。

机身主要零件的合缝间距不能大于 0.1mm，这是为了避免"三明治设计"夹到毛发——测试时用 iPhone 4 在人的面颊上反复滑动，看是否会夹走胡须。

iPhone 4 左侧音量按钮上的加减号要求即使凹下去的部分也必须是平的。

耳机插孔是经过精心设计的，包括最内圈的坡度和金属的打磨程度。耳机插口边的小麦克风孔也是如此。

为了达到乔布斯的苛刻标准，苹果公司的技术人员竭尽所能将每一个细节做到极致，这是一种超越了技术、理性和现实的直觉判断力，也正是因为这种对待产品的极致思维，才使苹果公司随后的几代手机产品深受消费者的喜爱甚至追捧。

知识探究

极致思维，简单来说就是关注细节、做到极致，是一种认真的态度和科学的精神，具体到产品开发上就是把产品、服务和用户体验做到极致，超越用户预期，只有极致才能超出用户的预期，形成口口相传的效应，给后期推广带来极大的便利。

被称为"酸奶界的苹果公司"的奶制品公司 Chobani，为了减少酸奶中的碳水化合物，用几百种乳酸菌和不同温度的组合做了很多次实验才最终取得成功。这中间需要花费大量的时间和成本，可能还会失败。所以，极致思维需要人力、财力的持久支持。初创团队处于创业初期，资金、研发资源均有限，长期投入的代价未必是一般初创团队可以承受的，初创团队适合找一个突破口，把一个单品做到极致。

用极致思维打造超越用户想象的产品，首先要抓住用户的核心需求，解决用户的真实痛点；其次要突破团队能力的极限。苹果的产品、小米的产品、海底捞的服务（见图1-5），都远远超过了人们的想象，让人不禁为之赞叹。

图1-5 海底捞为独自去吃火锅的客户提供布偶陪伴

讨论与思考

2018年9月26日,号称"中华火锅老大"的海底捞在港交所上市,开盘后涨幅超10%,市值一度突破1000亿港元。请讨论海底捞是如何将极致思维体现在产品中的。

1.5 系统思维:俯瞰全局,以简驭繁

> 部件脱离了系统,就丧失了存在的意义;系统脱离了环境,将不能存续。在系统的内部,一切都有很强的联系。蝴蝶扇动翅膀,可能会引起暴风雨。
>
> ——《系统化思维导论》

我们生活在由复杂系统组成的环境中,生物学、物理学、社会学、经济学……这些系统由部件组合而成,其中的复杂程度成几何倍数增长,一旦我们想彻底深入理解系统之间的互动,大部分人便显得无能为力。那么,我们究竟应该如何理解这些系统呢?你身边是不是有这样的人,他们总能从复杂的问题中立即找到关键点并顺利解决,然后赢得一片赞赏。他们是如何做到的呢?

案例剖析 可口可乐的产品系统观

2000年前后,可口可乐的数据显示,每生产1L可乐要消耗3.3~3.5L水。于是他们设定了一个目标,要努力减少30%的用水。当时,世界自然基金会是可口可乐的合作伙伴,他们跟可口可乐公司说,你们错了,每生产1L可乐,不是像你们

说的那样,消耗 3.5L 水,而是消耗超过 200L 水。世界自然基金会之所以这样说,是因为制作可乐要用糖,多出来的那 200L 水,80%都用于种植制糖原料。

可口可乐没看到外面更大的系统,是因为更大的系统不是他们生意的一部分。所以,在他们的心智模式当中,只看到了水的部分。虽然他们也要用糖,但他们只知道怎样去买到最便宜的糖,至于种植制糖原料,他们不觉得这是自己的事情。所以,想要看到更大的系统,你要知道系统的边界在哪里。

可口可乐在节水这件事发生一年后,和竞争对手雀巢形成了一个协作的共同体,打算帮饮料行业减少水的浪费。他们做的不是进入生产糖的领域,而是通过促使政府出台一系列政策来减少这部分的浪费,因为种甘蔗的时候,直接把水浇灌下去,大部分水都蒸发了,如果能采用一些更高效率的灌溉技术,就能减少水的浪费,如图 1-6 所示。而灌溉多花的钱,完全可以反映在糖的售价里。

图 1-6　滴灌技术用于甘蔗种植

知识探究

系统思维就是把认识对象作为系统,从系统和要素、要素和要素、系统和环境的相互联系、相互作用中综合地考察认识对象的一种思维方法。这种思维方式极大地简化了人们对事物的认知,给我们带来整体观。

其实,系统思维是整体地、动态地、连续地思考问题的思维模式,是在复杂动态系统中的一种以简驭繁的智慧。人们在考虑解决某一问题时，不是把它看作一个孤立、分割的问题来处理，而是看作一个有机关联的系统来处理，把想要达到的结果、实现该结果的过程、过程优化以及对未来的影响等一系列问题作为一个整体系统进行研究。

学会系统思考，能帮助我们跳出局限的视野。初创团队在规划产品时需要具备系统思维，因为一款产品不是一座孤岛，它具备全生命周期。产品规划阶段需要系统考虑产品定位与公司战略、目标市场、目标用户、竞争对手、市场售价的关系，产品研发阶段需要系统考虑产品研发进度与产品质量、物料供给及上市时间的关系，产品上市阶段需要考虑产品销售与渠道库存及产品售后的关系。

产品开发阶段需要考虑各方利益，并建立反馈机制，因为一款产品从创意到落地再到上市推广涉及研发、测试、运营、商务、售前、售后等多个部门或岗位。如何系统协调，让大家向着共同目标而努力，如何从系统角度建立反馈机制，避免出现只关注自己的利益而忽略了整体利益的问题，是每个初创团队必须予以重视的问题。

 | 讨论与思考 |

希尔顿为发展自己的事业，打算建造一座全美最豪华的饭店——"希尔顿饭店"。希尔顿饭店开工不久就资金乏力，希尔顿一时无法支付材料费和工钱。于是他便求助于卖地皮给他的地产商杜德："杜德先生，我的房子没钱盖了。""那就停工吧。等有钱的时候再盖。"杜德一句话就拒绝了希尔顿要提出的想法。但希尔顿没有走开，而是接着说："我的房子半途而废，受损失的将不止我一个人。事实上，你的损失可能比我还大。如果我的房子停工不盖，那么这房子附近的那些属于你的地皮的价格一定会下跌；如果我再宣扬一下，希尔顿饭店停工不盖，是考虑另迁地址，你的地皮就更卖不上价钱了。"见杜德缄默不语，希尔顿接着说："但如果你出钱把饭店盖好，我再花钱买你的，这样，饭店的房子不停工，你附近的那些地皮的价格就会上涨。如果我想办法宣传一下，说不定你的地皮价格还会暴涨呢！"杜德听罢，痛快地答应了。

结合本节所学的系统思维，讨论希尔顿是如何做到让别人帮忙出钱建造饭店的。

项目训练卡

2018 年，抖音火了，其占据了用户大部分的碎片化时间，公交车上、地铁上都在刷抖音，引发男女老少全民狂欢的背后，正是产品自身的独特性能和魅力。通过本章的学习，我们可以深度讨论抖音背后的产品思维（见表 1-1）。

表 1-1 抖音背后的产品思维分析训练与实践

任务明晰	讨论抖音背后的产品思维		
实施目标	深度剖析实例，加深对产品思维的理解		
实施名单		团队名称	
活动道具	白纸、白板、便签贴		
活动步骤	（1）结合自己使用抖音的体验及搜索抖音相关资料，从用户角度去了解这款 App （2）结合"用户思维""商业思维""极致思维""系统思维"的概念，从产品创始人角度去分析这款 App 背后的产品思维 （3）假设自己作为抖音产品团队的一员，你会对抖音这款产品进行哪些创新改进		
过程呈现	小组讨论，形成 PPT 演示文稿，演讲分享，全班讨论		

第 2 章
如何提升产品能力

本章知识点思维导图

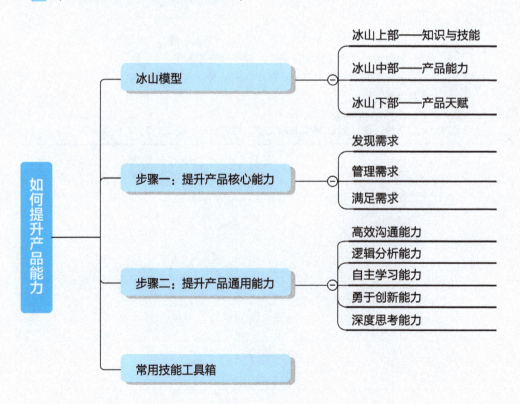

2.1 冰山模型

> 一个优秀的创业者应该具备判断信息、抓住要点、整合有限资源、把自己的价值打包成一个产品向世界交付并获得回报的能力。
>
> ——佚名

美国著名心理学家戴维·麦克利兰于1973年提出了一个反映个人全部内在价值的冰山模型，将个体素质的不同表现划分为表面的"冰山上部"和深藏的"冰山下部"。其中，"冰山上部"包括知识与技能，相对而言比较容易通过培训来改变和发展；而"冰山下部"包括价值观、性格特质、动机，统称为天赋，它是个体内在的、难以测量的部分，很难通过外界的影响改变，但却对个体的行为与表现起着关键性的作用。

冰山模型最早用于人才选拔，通过对"人"的能力素质进行分析，甄选适合组织需要的人才，因为能力素质决定"人"是否能够获得组织预期的结果。

冰山模型可应用于产品经理人素质分析，如图2-1所示，可将冰山模型分为冰山上部、冰山中部、冰山下部三部分。

①冰山上部是指产品开发相关的知识与技能，如SWOT分析法、产品原型图等。

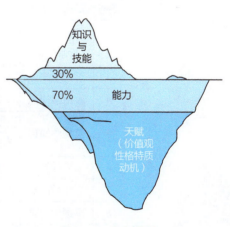

图2-1 冰山模型

②冰山中部是指产品开发相关的核心能力和通用能力。其中，核心能力包括发现、管理、满足需求的能力，位于"水面以下"，不易被察觉；通用能力包括高效沟通能力、逻辑分析能力、自主学习能力等，位于"水面以上"，容易通过培训来改变和发展，而且可以在不同行业之间迁移。

③冰山下部是指产品天赋,可归纳为对产品的预见力。作为初创团队,可以按照冰山模型来剖析自己,找到可以提升的地方,并通过科学有效的方法来提升自己的产品能力。

2.1.1 冰山上部——知识与技能

案例剖析

福尔摩斯(见图2-2)是英国作家柯南·道尔笔下家喻户晓的神探,他如何在扑朔迷离的案情中独具慧眼、出奇制胜呢?柯南·道尔在《血字的研究》中给福尔摩斯的学识范围列了一张颇有意思的简表(见表2-1)。

图2-2 英国作家柯南·道尔创作的人物福尔摩斯

表2-1 福尔摩斯的学识范围

序号	知识与技能	具备程度
1	文学知识	无
2	哲学知识	无
3	天文学知识	无
4	政治学知识	浅薄
5	植物学知识	不全面,对莨蓿制剂、鸦片却知之甚详,对毒剂有一般的了解,对实用园艺学一无所知
6	地质学知识	偏于实用但有限,一眼就能分辨出不同的土质
7	化学知识	精通
8	解剖学知识	了解但不系统
9	惊险文学	很广博,对近一个世纪中发生的恐怖事件都深知底细
10	小提琴技能	精通
11	刀剑拳术	精通
12	法律知识	精通

这张简表说明福尔摩斯显然不是全才,但却有着明显的职业所需要的知识结构和专业技能。这也给我们一些重要启示:每个人都要有针对性地建立合理的知识结构和专业技能体系。

 知识探究

东汉时期唯物主义思想家王充在其代表作《论衡》中提出"人有知学,则有力矣",意思是"人有了知识,就有了力量"。正是知识创造了能力,试想如果瓦特没有物理学知识,就不可能有发明蒸汽机的能力;如果居里夫人没有高深的理化知识,就没有发现镭的能力……

但知识结构并不等同于知识,柯南·道尔笔下的福尔摩斯认为"人的脑子本来像一间空空的小阁楼,应该有选择地把一些家具装进去,只有傻瓜才会把他碰到的各种各样的破烂一股脑儿装进去,这样一来,那些对他有用的知识反而被挤了出来,或者最多不过是和许多东西掺杂在一起。因此,在取用的时候,也就感到困难了"。

福尔摩斯用这个形象的比喻生动地说明了人们不能毫无选择地把知识杂乱无章地充塞于头脑中,而必须有目的地吸取那些对自己有用的知识,并根据这些知识的内在联系,加以合理地排列、组合,使之成为一个具有整体功能的结构——知识结构。只有这样,知识才能发挥它应有的效力。

知识结构为什么重要?因为它可以帮我们建立一套标准的产品体系,搭建标准的工作流程,比如做竞品分析时需要用到 SWOT 分析法,做需求分析时需要用到 KANO 模型等。技能是初创团队从事产品开发工作的基本要求,比如梳理流程图、产品原型图、产品需求文档撰写等。按照冰山模型理论,知识和技能位于"冰山上部",是可以通过培训来提升的,掌握这些知识和技能后,我们需要考虑产品能力的建设。

2.1.2 冰山中部——产品能力

案例剖析 众人解读产品能力

研究用户,听取用户反馈,多做用户调查,这是每个产品经理的必修课。

——马化腾

了解用户,满足他们的"贪嗔痴"。要提高自身修养,在技术之外的人文方面有一些自己的见识。

——张小龙

①理解他人。不理解他人(用户需求)是万万不能的,如果需求判断不准,全公司陪着你一起白干。②理解世界。理解用户需求也不是万能的,还要理解世界。优秀产品经理比的是发现问题、拆解问题后权衡取舍、总是做出当前最优选择的能力。

——俞 军

很多人认为产品能力就是驾驭产品的能力,其应该包括发现力、创造力、沟通力、领导力。发现力是能找到用户需求的能力,这个需求不是被创造的,而是没被满足或者满足不充分的;创造力是设计一个方案满足需求的能力;沟通力是向团队描述清楚这个方案、协调各方资源的能力;领导力是领导团队将这个方案做出来的能力。

知识探究

在探究产品能力之前,我们先了解下产品相关工作,其工作内容涉及市场调研、用户调研、竞品分析、需求分析、产品设计、交互设计、开发管理、需求管理、用户教育、运营策略、数据挖掘、数据分析、售后分析、产品复盘等多项工作。结合众人对产品能力的解读,我们可以将产品能力分为核心能力和通用能力两类。

产品核心能力是指发现、管理、满足需求的能力,位于冰山模型能力层次的"水面以下",不易被察觉,要提升这些能力,需要不断积累经验;产品通用能力包括高效沟通能力、逻辑分析能力、自主学习能力、勇于创新能力、深度思考能力等,其位于冰山模型能力层次的"水面以上",可以通过反复练习来提升。

产品能力和知识与技能最大的区别在于:知识与技能是属于特定领域的,而产品能力则更多是通用领域的,一旦掌握,是能够迁移的。

2.1.3 冰山下部——产品天赋

案例剖析 天才就是1%的灵感加上99%的汗水?

"勤能补拙""天道酬勤""笨鸟先飞",从小到大几乎所有人都告诉我们,即使你不聪明,也不要紧,只要你够努力,你一样可以很优秀。

对于爱迪生这个名字,我们并不陌生。他是一位名副其实的天才,令很多人敬佩和崇拜,因为他一生的发明有2000多项,其中申请专利的就有1000多项。在他众多伟大的发明中,我们最为熟悉的就是电灯,只由这一项发明就可以窥见爱迪生对于世界的影响,可以说爱迪生是一位改变了世界的人。

爱迪生说过"天才就是1%的灵感加上99%的汗水"(见图2-3)。但那1%的灵感是最重要的,甚至比那99%的汗水都重要。爱迪生对天赋持一种"有条件地承认"的态度,即天赋是重要的,但努力也很重要。现实生活中,绝大部分事情还没有到拼天赋的地步,当天赋不够时,那就比别人再努力一点,同样也可以变得优秀,遇见更好的自己。

图2-3 爱迪生的天才论

知识探究

按照冰山模型的解释,天赋可以分为价值观、性格特质、动机三个要素。个体成长环境的差异导致世界观、人生观、价值观的差异,进而形成个体不同的性格特质。天赋位于"冰山下部",很难观察到,即便是自己,也常常意识不到自己的天赋在哪里,而且天赋对成年人来说,几乎不可改变。

我们可以将产品天赋归纳为对产品的预见力,即通过观察科技发展趋势及用户使用习惯,像探路者一样,先于用户预见用户需求。比如,乔布斯与大部分注重市场调研、用户需求分析的创业者不同,他能够读懂"还没落到纸面上的东西",因为用户对音乐的热爱,他创造了"把 1000 首歌装进口袋"的"销量神话"iPod;因为预见数码相机销量的下滑,就基于多点触控技术设计了 iPhone 手机和 iPad 平板电脑。

通过分析知识与技能、产品能力、产品天赋这三类要素,我们会发现冰山模型越往下的部分越难培养、越难发现,当然也越能成为竞争优势,且这些要素并不是独立的,"冰山下部"的要素会影响"冰山上部"的要素,知识与技能的掌握是容易的,能力的培养是艰难的,天赋的拥有是随机的。因此,作为初创团队,应该重点提升产品能力,掌握产品知识与技能。

 讨论与思考

"认识你自己",这一镌刻在古希腊德尔斐阿波罗神庙(见图 2-4)石柱上的箴言,时刻警醒着后人对自己要有准确、清晰的认识,只有这样才能最大限度地发挥自己的优势。请结合冰山模型理论,分别从知识与技能、产品能力、产品天赋方面分析真实的自己。

图 2-4 古希腊德尔斐阿波罗神庙

2.2 步骤一：提升产品核心能力

> 如果我最初问消费者他们想要什么，他们会告诉我要一匹更快的马。
> ——福特汽车创始人亨利·福特

一位在某互联网企业工作一年的员工说："感觉产品岗位没什么核心竞争力，就像'职场万金油'，设计懂一点、技术懂一点、运营也懂一点……啥都懂一点，啥都不精，单凭出新点子，哪有那么多的新点子啊！感觉自己的职场竞争力越来越弱，接下来的路怎么走？一时间，焦虑的不行。"相信这是很多产品岗位员工的心声，事实真的是这样吗？其实 2.1 节已经给出了产品核心能力的定义，即发现、管理、满足需求的能力。

我们知道所有的需求都是来自用户，但是亨利·福特的经验告诉我们："如果我最初问消费者他们想要什么，他们会告诉我要一匹更快的马。"这是为什么呢？我们究竟应该如何提升自己的产品核心能力呢？

2.2.1 发现需求

 案例剖析 创新项目 PlayPump 在非洲应用失败

1989 年夏天，偶然的一次机会，南非一位从事广告行业的人员 Trevor Field 发现了一个将旋转木马与抽水泵结合起来的儿童游乐设施的概念，采用与风车类似的原理，这一设备（见图 2-5）可以在孩子们高兴玩耍的同时将地下水抽取出来，从而省去了传统的费时又费力的压缩式水泵。对非洲广大缺乏清洁饮用水的地区来说，这似乎是一个绝妙的机会。

PlayPump 水泵系统于 1997 年在南非部分地区开始安装使用，它的好处看起来显而易见：为孩子们带来了欢乐，为当地人带来了免费的清洁饮用水,将以往每天需要花大量时间去很远的地方取水的女孩们解放出来重返校园,同时通过水泵系统的相关工业流程的本地化来促进当地的经济发展。这一项目获得了舆论的广泛好评,2006年获得多家基金会的1500万美元投资,之后迅速扩展到莫桑比克、坦桑尼亚、马拉维等国家和地区。

图2-5 旋转木马与抽水泵结合起来的儿童游乐设施

而现实情况是,人们并没有看到孩子们兴奋地玩耍,取而代之的是当地妇女和儿童们艰难地使用PlayPump取水,很多地方甚至因为水泵损坏多时无人维修而造成严重的饮水困难。当地人普遍希望能够继续用旧式的水泵,这一计划到底出了什么问题?

2010年,两位加拿大志愿者在马拉维对这一设备进行了实地测试,结果表明,抽满一桶水,PlayPump用时3分7秒,而当地的传统水泵只需要28秒。英国《卫报》的一篇报道同样指出,想要达到设计的满足2500人日均饮水需求,需要孩子们每天玩27h。对于缺水地区的人来说,他们最关注的是如何能够便捷地获得饮用水,PlayPump显然没有意识到这个问题,这一设备的娱乐性显然超过了其实用性,更不用说对大多数缺水地区来说,并没有足够的地下水资源供PlayPump来抽取使用。

这一个在需求把握上具有严重缺陷的产品是如何获得广泛

采用的呢？当地人的一句话说明了一切："在 PlayPump 安装前，没有任何人来询问我们的意见，我们对安装的水泵类型没有任何选择的机会"。PlayPump 的安装方式是：一个由西方志愿者团队组成的车队浩浩荡荡地开进了村庄，在村民们的诧异下，他们将旧的水泵拆除并换上 PlayPump，之后才向村民们解释这一设施有什么样的好处。

当然，说 PlayPump 完全没有考虑用户需求也不准确，正如其宣传视频中拍到的，当这一设备首先在南非应用时，当地儿童都争先恐后地抢着玩，而大人们似乎也很高兴能取到水。但实际情况是，当摄像头关闭后，孩子们很快就从 PlayPump 边散去，真正费力取水的依然是那些女人们。对于这一设备的推广者来说，他们看到了他们想看到的"PlayPump 非常受当地人欢迎"场景，却没有意识到这一用户反馈属于无效参与，并非其真实需求。

知识探究

众所周知，每个人都需要饮水，因此水是人类的必然需求。然而，发现需求真的如此简单吗？实则不然。试想我们在跑步途中非常口渴，此时产生了喝水的需求，如果有人卖水给我们，即使稍微贵点，我们也会买，喝完水后，需求就解决了，这时再多、再便宜的水对我们来说就不需要了。由此可见，喝水前，水对我们来说是需求；喝水后，水对我们来说就不是需求了。

其实，在产品的世界中，需求就是特定的人在特定的情况下产生了特定的问题，并且这种问题是可以被解决的。需求就像现实世界的物种，不能被创造，只能被发现。无论多么伟大的产品，它们都是通过挖掘发现人们的需求衍生出来的，而不是通过凭空创造需求得以为人们所接受的。那么如何发现需求呢？

发现需求可以按照获得灵感、深度挖掘两个步骤进行。

（1）获得灵感（横向）

通过细致入微的观察、全面谨慎的调研以及资源信息的整合分析，发现某个可能成为需求的点。

（2）深度挖掘（纵向）

对可能成为需求的点进行深入追问，挖掘本质需求，即问题的根源。

2.2.2 管理需求

案例剖析 从微信的发展历程看如何管理需求

微信作为腾讯旗下的重量级产品，经过数次版本迭代，从最早的通信工具、社交平台演变成为现在的移动生活场景平台。我们可以通过微信的几次重要版本迭代来观察腾讯是如何管理需求的。

2011年1月，微信1.0版发布，支持QQ好友导入、即时通信（文字）、分享照片、更换头像等功能。简单来说，它就是一个熟人之间可以免费发文本信息和图片的工具。

2011年5月，微信2.0版上线，增加了语音对话、查找附近陌生人等功能，用户量明显增加。它成为一款语音社交工具。

2011年10月，微信3.0版上线，增加了摇一摇、漂流瓶等功能，开始探索匿名社交。

2012年4月，微信4.0版上线，增加了朋友圈、相册等功能，开始从通信工具向社交平台演变。

2013年8月，微信5.0版上线，增加了绑定银行卡、支付、公众平台等功能，开始探索移动支付，为打造移动生活场景平台奠定基础。

2014年9月，微信6.0版上线，增加了小视频功能，用户可以在聊天或者朋友圈分享小视频。

2018年12月，微信7.0版上线，增加了时刻视频、强提醒等功能，整体页面的颜色改为白色。

2021年1月，微信8.0版上线，增加了定制红包封面、扔炸弹表情等功能。

知识探究

亨利·福特（见图2-6）曾经说过："如果我最初问消费者他们想要什么，他们会告诉我要一匹更快的马。"为什么会这样？具体到当时的情景，涉及"用户反馈""用户需求""产品需求"三个概念，具体如下：

图2-6 福特汽车创始人亨利·福特

- 用户反馈：一匹更快的马。
- 用户需求：用最短的时间到达目的地。
- 产品需求：更便捷的交通工具。

因此，用户说要一匹更快的马，其实是汽车（更便捷的交通工具），就像用户说要买锤子去砸钉子，其实产品需求就是一个挂钩（方便挂东西）。其实，多数情况下"用户反馈"并不等同于"用户需求"，也不等同于"产品需求"，如果错误地将用户反馈当作用户需求或者产品需求，将会造成错误的决策，因此对这三者进行有效的界定和区分是非常必要的。

管理需求就是决定需求"是与否""先与后"的两层境界，简单来说就是先判断需求的真伪，再对需求优先级进行排序，在资源有限的情况下，先解决用户最迫切的需求。

初创团队在进行新产品开发时首先要做到收集用户反馈，分析用户需求，确定产品需求，但往往用户需求是无限的，相应的产品需求也是各种各样的。如何理清需求的"先与后"关系，东京理工大学教授狩野纪昭（Noriaki Kano）提出了对产品需求分类和优先排序的工具——KANO模型，以分析产品功能设置对用户满意度的影响，体现了产品性能和用户满意度之间的非线性关系。按照KANO模型，从产品功能设置与用户的满意程度两个维度对需求进行管理，可以将需求分为无差异需求、基础需求、期望需求、兴奋需求、反向需求五部分（见图2-7、表2-2）。

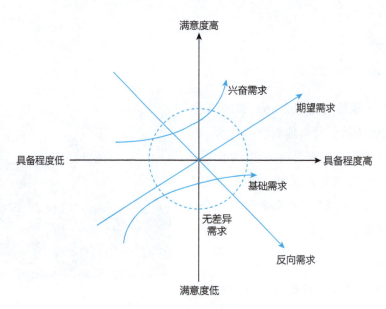

图 2-7　KANO 模型

表 2-2　需求分类

属性	特点
无差异需求	功能的提供与不提供，用户满意度不会改变，用户不在乎这个功能的存在
基础需求	产品的基本要求，如果不满足该需求，用户满意度就会大幅降低
期望需求	如果提供该功能，则用户满意度会提高；如果不提供该功能，则用户就会不满
兴奋需求	让用户感到惊喜的属性，如果不提供此属性，不会降低用户满意度，一旦提供此属性，用户满意度会大幅提升
反向需求	用户没有这个需求，是臆想出来或者对需求的判断失误，提供后用户满意度反而会下降

采用 KANO 模型回顾微信的发展历程，对众多需求进行以下简单分类。

1）基础需求：个人之间的聊天。

2）期望需求：群聊、表情、语音文字聊天、搜索、设置聊天背景以及标注聊天对象、添加好友、朋友圈等。

3）兴奋需求：收钱、红包、公众号、转账、位置、扫一扫、摇一摇、附近的人、漂流瓶、卡券等。

2.2.3 满足需求

案例剖析 如何将大象装进冰箱?

现在我们来讨论一个有趣的话题：如何将大象装进冰箱（见图 2-8）？对于这个问题，我想很多人已经知道答案了。这只需要三步：

1）把冰箱门打开。
2）把大象装冰箱里。
3）把冰箱门关上。

这个答案看似没有问题，但是仔细一想又觉得不太靠谱，如果真的按照这种方法，则会出现很多意想不到的难题，比如如何装？如何关上冰箱门？如何保证冰箱不被损坏？若我们把"将大象装进冰箱"当作一个目标，在制定目标时就需要考虑目标的可实现性、可落地性，就像产品核心能力——发现需求、管理需求、满足需求。我们听了太多关于发现需求和管理需求的讨论，但最后要么落不了地，要么最终效果和想要的完全不一样，因此如何满足需求对产品落地至关重要。

图 2-8 如何将大象装进冰箱

知识探究

满足需求，简单来说就是产品可落地。特别对于初创团队，在人力、物力、财力相对匮乏的情况下，针对产品需求一定要提前考虑以下几项：

（1）技术可行性

这主要考虑产品功能在技术上是否可实现、供应链可否支持、现有研发资源是否充足等。

（2）成本可控性

这主要考虑目标用户的价格承受度，反推目标成本是否达标。

（3）时间可控性

这主要考虑竞品的上市进度，反推产品上市时间，把控研发周期及进度。

（4）团队可控性

这主要分析需求实现难度，组建高效项目团队，保证产品高效落地。

 讨论与思考

儿童安全问题在全球都是非常热门的话题。针对儿童安全问题，国家制定了相应政策，但仍旧无法避免儿童走失等现象的发生。伴随着可穿戴设备的兴起，儿童智能手表在市场大潮中崛起（见图2-9）。

某儿童智能手表厂商收到一条用户反馈："手表App建议增加远程开关机功能"。结合本节所学，思考与讨论本条用户反馈背后的用户需求、产品需求分别是什么以及如何满足用户需求。

图2-9 儿童智能手表

2.3 步骤二：提升产品通用能力

> 一个成功的创业者需要三个因素：眼光、胸怀和能力。
>
> ——马云

作为初创团队，不仅要掌握处于冰山模型"水面以下"的产品核心能力，还需要提升位于冰山模型"水面以上"的产品通用能力。产品通用能力包括高效沟通能力、逻辑分析能力、自主学习能力、勇于创新能力、深度思考能力等，其区别于产品核心能力，具备通用性、可迁移性、可反复训练提升等特点。

2.3.1 高效沟通能力

案例剖析 从篱笆上的木牌谈起

法国著名女高音歌唱家玛·迪梅普莱有一个美丽的私人林园。每到周末，总会有人到她的林园摘花、拾蘑菇，有的甚至搭起帐篷，在草地上野餐露营，弄得林园一片狼藉，脏脏不堪。

管家曾让人在林园四周围上篱笆，并竖起"私人林园，禁止入内"的木牌，但仍无济于事，林园依然不断遭到践踏和破坏。于是，管家只得向玛·迪梅普莱请示。

玛·迪梅普莱听了管家的汇报后，让管家做一些大牌子立在各个路口，上面醒目地写明："如果在林中被毒蛇咬伤，最近的医院距此15km，驾车约半小时即可到达。"从此，再也没有人闯入她的林园。

在这个故事里，"私人林园，禁止入内"和"如果在林中被毒蛇咬伤，最近的医院距此15km，驾车约半小时即可到达"沟通方式不同，结果截然相反。

知识探究

一般中大型企业中都会设置产品经理岗位，其类似于初创团队中负责人的角色。产品经理每天要跟很多部门沟通对接，需要具备高效的沟通能力，这样才能使企业不同岗位对产品需求的理解趋于一致，并齐心协力完成产品需求。

那么，初创团队负责人或产品经理应如何提升自己的沟通能力呢？高效沟通的四要素是：善于倾听、寻找共同点、善于变通、增加知识积累。

1）善于倾听。一个有向心力的人在沟通时首先要给予对方足够的尊重，这种尊重体现在认真倾听和细致思考上。要给对方表达的机会，对方从所处的专业领域进行理解一定有其道理，听过后再做判断。

2）寻找共同点。如果发挥了个人魅力、运用了专业知识，动之以情，晓之以理，依旧无法触动对方，那么先放弃不必要的坚持和固执，寻找一些共同点，并对有争议的部分进行详细分析。对方认为不能实现的，要一起分析不能实现的原因；对方认为在规定时间内做不完的，可以重新排定优先级。只有在思想上、行动上给对方留有余地才能形成对事情的推动，这也是妥协的意义。

3）善于变通。对待不同的人要采取不同的沟通方式。对待程序员，沟通一定要有逻辑性；对待设计师，沟通时要使用协商的语气。另外，坚持己见要视情况而定，若开始沟通时就固守自己的看法，一味地坚持，不听取别人的意见，则会让人觉得固执自大。若在充分沟通后再表露坚持倾向，则会给人考虑周全、权衡利弊的印象。

4）增加知识积累。初创团队负责人或产品经理因为要对接众多岗位，所以专业知识的广泛涉猎有助于消除沟通的障碍，提升沟通的效率，另外还可以形成自信的气场，沟通时更容易得到对方的认同。

2.3.2 逻辑分析能力

案例剖析

从前,有四个盲人很想知道大象是什么样子,可他们看不见,只好用手摸。如图2-10所示,盲人甲先摸到了大象的鼻子,他说:"我知道了,大象就像一根弯弯的水管。"盲人乙摸到了大象的耳朵,他说:"不对,大象明明是一把大蒲扇嘛!""你们净瞎说,大象只是棵树。"盲人丙摸着大象的腿说。而盲人丁却嘟囔:"唉,大象哪有那么大,它只不过是一根绳子。"原来他摸到的是大象的尾巴。四个盲人争吵不休,都说自己摸到的才是大象真正的样子。

图2-10 盲人摸象典故

企业经营中,分工明确,各司其职。研发部门的领导只关注产品的研发进度,描绘了大象的鼻子是什么样子;市场经理只关注产品的销量情况,描绘了大象的耳朵是什么样子;质量经理只关注产品的质量标准,描绘了大象的腿是什么样子;而一线员工只能够提出她日常操作的需求,描绘了大象的尾巴是什么样子。

若初创团队负责人或产品经理没有良好的逻辑分析能力,直接听从业务部门的需求,有的说大象是一根水管,有的说大象是一把大蒲扇，有的说大象是一棵树，有的说大象是一根绳子，则互相矛盾，产品就无从做起。

 知识探究

逻辑分析能力是指把一件事情、一种现象、一个概念分成较简单的组成部分，找出这些部分的本质属性和彼此之间的关系并单独进行剖析、分辨、观察和研究的一种能力。具体到新产品开发上，包括需求分析能力、竞品分析能力、市场分析能力、商业分析能力等。

逻辑分析能力是每个人生活、学习、工作的基础，处理大大小小的事务都离不开逻辑分析能力。那么，既然逻辑分析能力如此重要，我们怎样才能提高、锻炼这种能力呢？

（1）养成从多角度认识事物的习惯

逻辑分析是在掌握了事物与事物之间内在必然联系的基础上展开的，养成从多角度认识事物的习惯，全面地认识事物的内部与外部之间、某事物同其他事物之间的多种多样的联系，对逻辑分析能力的提高有着十分重要的意义。①学会"同中求异"的思考习惯。将相同事物进行比较，找出其中在某个方面的不同之处，将相同的事物区别开来。②学会"异中求同"的思考习惯。对不同的事物进行比较，找出其中在某个方面的相同之处，将不同的事物归纳起来。

（2）发挥想象在逻辑分析中的作用

发挥想象对逻辑分析能力的提高有很大的促进作用。发挥想象，首先必须丰富自己的想象素材，扩大自己的知识范围。知识基础越坚实，知识面越广，就越能发挥自己的想象力。其次要经常对知识进行形象加工，形成正确的表象。知识只是构成想象的基础，并不意味着"知识越多，想象力越丰富"。关键是是否对知识进行形象加工，形成正确表象的习惯。最后应该丰富自己的语言。想象依赖于语言，依赖于对形成新的表象的描述。因此，语言能力的好坏直接影响想象力的发展。有意识地积累词汇，多阅读文学作品，多练多写，学会用丰富的语言来描述人物形象和发生的事件，才能拓展自己的想象力。

2.3.3 自主学习能力

案例剖析 华罗庚自学成才的故事

1910年,华罗庚(见图2-11)出生在江苏省的一个小县城——金坛。小时候,家中清贫,华罗庚的父亲在镇上开了个小杂货铺,代人收购蚕丝,一家人过着半饥不饱的生活。华罗庚上初中时,对数学产生了特殊的兴趣,他的

图2-11 中国现代数学家华罗庚

老师王维克很器重这个聪明机灵的少年,常常单独辅导他,给他出一些难题,这使少年华罗庚受益匪浅。

华罗庚读完初中后,因家里无力再供他上学,只得辍学到父亲的小杂货铺里帮助料理事务。可这位酷爱数学的年轻人,虽然守在柜台前,但心里经常琢磨的还是数学。王维克老师借给了他三本数学教材:一本大代数,一本解析几何,一本微积分。华罗庚便跟着这几位不会说话的"老师"步入了高等数学的大门。

18岁那年,华罗庚到金坛中学当了一名会计,兼管学校事务工作。他曾回忆当时艰难的生活:"除了学校里繁重的事务外,还要帮助料理小店的事务。每天晚上大约8点才能回家。清理好小店的账目之后,才能钻研数学,常常到深夜。"

1930年,华罗庚在上海《科学》杂志上发表了题为《苏家驹之代数五次方程式解法不能成立的理由》的论文,引起了清华大学数学系主任熊庆来教授的注意。当他打听到这个数学奇才原来是个只读过初中的小青年时,深为震惊,便写信邀华罗庚来当时北平的清华大学数学系当管理员。

到清华后，华罗庚的进步更快了。他自学了英语、德语。24 岁时，已能用英文写作数学论文。25 岁时，他的论文已引起国外数学界的注意。28 岁时，他当上了国立西南联合大学教授。后来，他又被熊庆来教授推荐到英国剑桥大学去深造。

华罗庚成功了！在走过坎坷的自学之路后，他成了世界著名的数学大师，国外数学界这样评价他：“华罗庚教授的研究著作范围之广，足可使他堪称世界上名列前茅的数学家之一”。

 知识探究

世界的变化日新月异，作为一名创业者，如果不关注市场、不关注新技术，则很快就会发现自己已经跟不上时代的发展。人们都有知识盲区，应加强自主学习能力。对于初创团队而言，良好的自主学习能力将是保持创新活力的基础。

初创团队一般一人要承担多个岗位的角色，尤其是当初创团队负责人规划新产品时，需要对用户研究、竞品分析、产品策划、开发技术、品牌管理、推广运营、项目管理、心理学、设计学、美学等知识有所涉猎，此时更需要初创团队成员发挥自主学习的能力。

2.3.4 勇于创新能力

 案例剖析 摩拜的创新之路

自行车已经被发明 200 多年，随着汽车、电动车的普及，自行车行业慢慢日落西山，2016 年摩拜通过商业模式的微创新，推出共享单车，让自行车行业焕发"第二春"。

摩拜团队在创业初期思考最多的问题就是：怎么做才能真正让自行车回归城市，实现真正的智能共享？

摩拜创始人胡玮炜曾介绍："自行车特别容易坏的几个点是轮胎需要充气，会掉链子，容易生锈，需要很多精力去维护。从这些层面来讲,我当时跑了很多国内的自行车组装工厂和一些配件厂。当时我有一个目标,就是要生产一辆自行车,它是四年免维护的。"

摩拜团队总结出这辆自行车的三个要点:①摩拜产品的核心一定是免维护性强;②用户的骑行体验一定要好;③在外形设计上识别度要高,能成为城市的风景线。

为了实现四年免维护的目标,研发团队对所有零部件一共进行了几万次的改良试验。使用防爆轮胎,无链条的轴传动,全铝不锈车身,整个单车可达到四年高频次使用条件下无须人工维护的标准。经过设计的单车(见图2-12)外观时尚醒目,在方便人们找车的同时,也成为城市里一道独特的风景。

图2-12　摩拜单车
(2020年更名为"美团单车")

摩拜单车面市后所向披靡,快速被用户接受,同时也真正帮助各地政府解决了短途交通的难题,仅仅一年多时间就成为城市交通不可或缺的一部分。巅峰时刻,摩拜覆盖全球超过170个城市,投放超过700万辆智能共享单车,注册用户超过1.5亿人,日均订单达到2500万,并且这些数字还在快速增长。

知识探究

目前无论国家、企业还是个人,都在大力倡导创新,那么究竟该如何提升创新能力呢?我们可以从第一性原理中找到答案。

第一性原理最早来自古希腊哲学家亚里士多德。2000多年前,亚里士多德提出"在每一系统的探索中,存在第一性原理,这是一个最基本的命题或假设,不能被省略或删除,也不能被违反"。真正将第一性原理应用于企业产品创新开发的是特斯拉创始人埃隆·马斯克,他制造了真空胶囊高铁,如图2-13所示。他认为:"在生活中我们总是倾向于比较,对别人已经做过的或者正在做的事情我们也都去做,这样发展的结果只能产生细小的迭代发展,我们需要运用第一性原理,而不是比较思维去思考问题,需要在基本事实的基础上探究问题的本源,不被过去的经验知识所干扰。"

图2-13 真空胶囊高铁

将第一性原理这种思维方式贯彻到做事过程中,就是要求我们在解决问题时要勇于打破知识的藩篱,回归事物的本质,去思考最基础的要素,在不参照经验或其他情况下,直接从事物的本源出发寻求突破口,逐步完成论证。我们可以给一件事情建立底层模型,通过严谨的逻辑重构,得到解决问题的方式方法,最终实现创新。

第一性原理强调质疑精神,不轻易接受否定的答案。埃隆·马斯克小时候凡事都喜欢问"为什么",有时会让父母生气。如果别人说某件事不可能做成,则他就要挑战尝试一下,看看为什么这件事不可能做成。世界是发展变化的,以前人们做不成的事,以后随着条件变化就可能做成。

第一性原理强调动手实验,用实践去验证。硅谷一位风险投资家说过,很多聪明的人喜欢用类比推理,但是很少有人真正动手去做实验。17世纪,研究科学的人都信奉亚里士多德,把这位古希腊哲学家的话当作真理。亚里士多德曾说过,两个铁球同时从高处落下来,重的一定先着地。伽利略对他的话表示怀疑。于是,他在比萨斜塔上做了一次具有深远意义的实验:让两个重量不等的铁球从同一高度下落,结果是两个铁球同时着地。

第一性原理的基础是自信心。没有强大的自信心,很难挑战常规。爱因斯坦说过,自信是向成功迈出的第一步,而埃隆·马斯克则是一个"固执"的第一性原理践行者。

2.3.5 深度思考能力

案例剖析　第二次世界大战期间,盟军需要对战斗机(见图2-14)进行装甲加厚,以提高生还率,但由于军费有限,只能进行局部升级。那么问题来了,究竟哪个部位最关键,最值得进行装甲加厚来抵御敌方炮火呢?人们众口不一,最后一致决定采用统计调查的方式来解决,即仔细检查每一驾战斗机返回时受到的损伤程度,计算出战斗机整体的受弹状况,然后根据大数据分析决定。

图2-14　盟军战斗机

不久，统计数据就出炉了：盟军战斗机普遍受弹最严重的地方是机翼，有的几乎被打成了筛子；相反，受弹最轻的地方是驾驶舱及尾部发动机，许多战斗机的驾驶舱甚至连擦伤都没有。所以，这时几乎所有人拿着这份确凿无疑的报告准备给机翼加厚装甲。

看到这里，如果你是盟军军官，拥有最终决定权，那么你是不是也要给机翼加厚装甲呢？

一位美国统计学家亚伯拉罕·瓦尔德（Abraham Wald）阻拦了他们，同时提出了一个完全相反的方案：加厚驾驶舱与尾部。理由非常简单：这两个位置中弹的战斗机都没有回来。换言之，它们是一份沉默的数据——"死人不会说话"。

最后，盟军高层纷纷听取了这个建议，加固了驾驶舱与尾部，果然空中战场局势得以好转，驾驶员生还率也大大提高。事实证明，这是一个无比英明的措施。

知识探究

某音乐网站排行榜单规则维度单一，用户点击了排行靠前的选项，从此之后他看到的是一成不变的排行榜。

某银行给用户推送信用卡积分换购U盘活动链接，用户点击链接进入某电商网站换购U盘的页面，从此之后他只要打开该电商网站，就会出现推荐各式U盘的页面。

大家是否有过类似经历？根据一个不活跃用户偶尔发生的两三次行为就进行所谓的相关性推荐是极其不靠谱的。一方面，在没有大数据样本前提下，相关性判断极其失真；另一方面，排行榜单的规则应该是多维度考虑的，这样才不会导致一成不变的尴尬。

因此，我们在判断用户使用习惯时一定要深度思考，只有这样才能定义合适的产品功能。深度思考是当今社会稀缺的能力，会思考并且具备深度思考的能力才是初创团队的核心竞争力。深度思考是不断逼近问题本质的思考，很多时候我们只是触及了事物的表层，而没有直抵它的本质。那么，如何不断逼近问题的本质，获得深度思考的能力呢？

深度思考的关键是向问题发问，而且是持续地追问下去，问题是什么？问题产生的原因是什么？并对这个原因进行溯源，问题带来的影响有哪些？问题的解决方法是什么？这就需要多种思维模式和一定程度的知识储备作为支撑。另外，缺乏专注力是深度思考的大敌，在信息爆炸、时间碎片化的时代，专注力就显得尤为重要，此时需要我们摒弃外界信息的干扰，专注于问题的探索，才能使我们在深度思考的道路上走得更远。

| 讨论与思考 |

> 提升产品通用能力的核心目的之一是解决工作中的棘手问题，在产品开发过程中，经常会面对一些看似"不可能完成的任务"，有时我们需要做的不是退缩，而是"明知山有虎，偏向虎山行"。
>
> 现在有一个看似"不可能完成的任务"，即将一款产品卖给特定人群，实际上这部分人看起来应该不需要这些产品，甚至会拒绝这款产品，比如向非洲人销售羽绒服，向因纽特人销售冰箱等。请选择一款产品，准备一段30s的广告语，用来向特定人群推销产品。

2.4 常用技能工具箱

> 工欲善其事，必先利其器。
>
> ——孔子《论语·卫灵公》

古语有云："工欲善其事，必先利其器。"这说明了工具的重要性。随着互联网的高速发展，市场上涌现了大量软件工具。这些软件工具可以使技能得到最大限度地发挥，极大地提升了人们的工作效率。

对产品规划工作中常用的软件工具进行分类，见表2-3。

表2-3 常用的软件工具分类

序号	工具类型	工具名称	常见用途
1	产品文档处理工具	Office	微软的Office系列软件，作为目前主流和通用软件，主要是Word、Excel、PowerPoint，用于撰写产品需求文档、产品方案、技术规格书，商业计划书、产品复盘报告的汇报演示及简单的数据分析和图表分析
2	产品原型设计工具	axure RP	axure RP是一个快速原型制作软件，具有创建基于Web的网站流程图、原型页面、交互体验设计、标注详细开发说明，导出HTML原型或Word开发文档，单击查看视频演示，交互实例演示等功能。它可用于进行产品原型设计、产品概念图设计、交互演示设计等
3	思维导图工具	MindManager	MindManager作为一款思维导图软件，可以帮助用户将想法和灵感以清晰的思维导图的形式记录下来，有助于产品规划过程中各类信息的高效梳理，相比同类思维导图软件，MindManager的最大优点是与微软软件无缝链接，可以快速将数据导入或导出到Word、PowerPoint、Excel、Outlook、Project和Visio等
4	产品需求调研工具	麦客	麦客（CRM）是一款针对企业用户信息进行收集、维护的表单工具，可以用来收集信息、开拓市场、挖掘客户并展开持续营销活动。麦客提供了一个极致灵活的表单模块，可以通过该表单模块在活动报名、问卷调研、投票决选、申请登记、在线订单等事务中收集信息，所有填写表单的联系人相关信息都会沉淀到麦客的联系人模块，成为客户数据的来源
5	图形图像处理工具	PS	Photoshop的缩写是PS。它是一款图形图像处理工具，主要处理以像素所构成的数字图像。使用其众多的编修与绘图工具，可以有效地进行图片编辑工作，使工作更加便利

项目训练卡

在过去的 10 年，手机行业飞速发展，在移动设备领域，各种技术创新瞬息万变，手机的发明彻底改变了人们的生活。1902 年，一个名叫内森·斯塔布菲尔德的美国人在乡下住宅制成了第一个无线电话装置。2007 年，iPhone 问世，触屏＋应用引爆智能手机新时代。

如今，几乎人手一部智能手机，手机产品的竞争日趋激烈，各大厂商也在积极布局细分领域，比如针对商务人士开发商务智能手机，针对老年人开发大字体、携带一键求救功能的"老年机"等。若针对大学生群体开发一款手机，请利用本章所学知识，讨论大学生用户对智能手机产品的需求（见表 2-4）。

表 2-4 大学生用户智能手机产品需求分析训练与实践

任务明晰	大学生用户智能手机产品需求分析		
实施目标	深度剖析实例，加深对产品核心能力的理解		
实施名单		团队名称	
活动道具	白纸、白板、便签贴		
活动步骤	（1）结合自己及小组成员使用智能手机的经历，挖掘大学生群体对智能手机的需求 （2）利用 KANO 模型对这些需求进行管理分类 （3）尝试设计一些功能以满足这些需求		
过程呈现	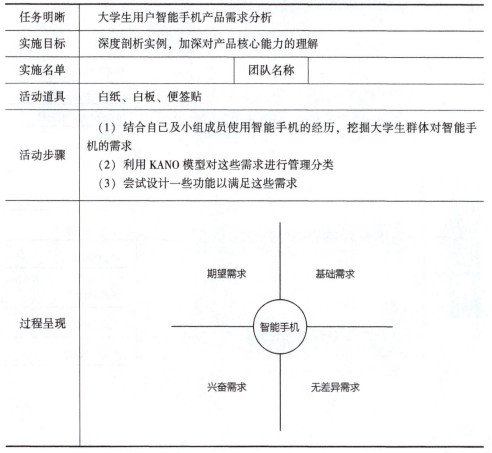		

第 3 章
如何实施产品规划

 本章知识点思维导图

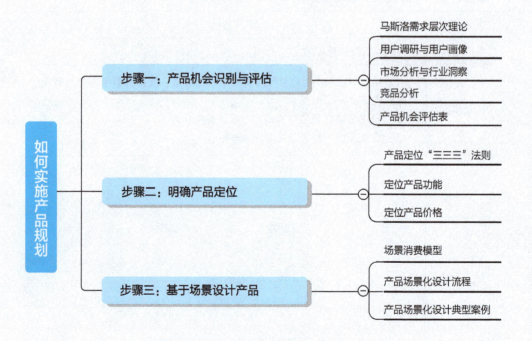

3.1 步骤一：产品机会识别与评估

> 需要和动机，是推动人们行为的原因。任何一种特定需求的强烈程度取决于它在需求层次中的地位。
>
> ——亚伯拉罕·马斯洛

如果把商场比作战场，那么无疑产品就是武器。产品是企业赖以生存的核心，是企业创造社会价值和满足自身利益的保障。产品规划过程是一个识别机会、实现机会的过程，成功的创业者总是能够有效地识别、评估机会，并将其转化为有价值的产品或服务，但识别有价值的机会并不容易，特别是初创企业，在研发资源匮乏、资金紧张的情况下，如何高效地识别与评估产品机会、挖掘价值较高的市场机会就显得尤为重要。其实，任何市场行为最终都要反映用户需求，正如亚伯拉罕·马斯洛所言："需要和动机，是推动人们行为的原因。因此，我们可以从马斯洛需求层次理论出发去识别与评估产品机会。"

3.1.1 马斯洛需求层次理论

案例剖析 用马斯洛需求层次理论重新审视《西游记》经典人物

《西游记》是我国的四大名著之一，主要讲述了孙悟空、猪八戒、沙僧、白龙马保护唐僧西天取经，师徒五人一路抢滩涉险，降妖伏魔，历经八十一难，取回真经，修成正果的故事。我们可以从《西游记》中的五个经典人物角色来剖析马斯洛需求层次理论。

孙悟空，具备很强的能力，但一直得不到所谓的"正牌"

神仙的认可,还被封为"弼马温"。知道真相的他恼羞成怒、辞官不干,回到花果山自立为"齐天大圣"求得自尊,却与天下神仙为敌,最终被压到五指山下。后来保护唐僧西天取经,一路降妖除魔,最后修成正果,获得"斗战胜佛"的荣誉称号。激励孙悟空前行的因素主要是个人的能力和成就得到了认可。

猪八戒,原为天宫的"天蓬元帅",因调戏嫦娥被逐出天界,罚下人间,但错投了猪胎。猪八戒这个人物,性格温和,憨厚单纯,力气大,但又好吃懒做,爱贪小便宜,贪图女色,经常被妖怪的美色所迷,难分敌我。激励猪八戒前行的因素主要有食物、性……

沙僧,原为天宫的卷帘大将,因触犯天条被贬出天界,在人间流沙河兴风作浪,后经南海观世音菩萨点化,拜唐僧为师,保护唐僧西天取经。取经路上,沙僧任劳任怨,忠心耿耿,取经后被封为"金身罗汉"。他的经典台词是"大师兄,师傅被妖怪抓走了!""大师兄,二师兄被妖怪抓走了!""大师兄,师傅和二师兄都被妖怪抓走了!"……对他来说,安全最重要。激励沙僧前行的因素主要有安全、秩序、自由。

白龙马,原为西海龙王敖闰的三太子,因纵火烧了殿上玉帝赐的明珠,触犯天条,观世音菩萨向玉帝求情,才使他幸免于难。他被贬到蛇盘山鹰愁涧等待唐僧西天取经。无奈他不识唐僧和孙悟空,误食唐僧坐骑白马,后来被观世音菩萨点化,变成白龙马,皈依佛门。在取经路上,白龙马供唐僧坐骑,任劳任怨,历尽艰辛,终于修成正果。激励白龙马前行的因素主要有友情、归属。

唐僧,十八岁皈依佛门,经常青灯夜读,对佛家经典研修不断,而且悟性极高,二十岁左右便名冠大唐,倍受唐朝太宗皇帝厚爱,后来被如来佛祖选中去西天取经,历经千辛万苦,终于取回真经,造福更多百姓,为弘扬佛家教化做出了巨大贡献,自我理想、自我价值最终得以实现。激励唐僧前行的因素主要有成就、尊重、欣赏。

知识探究

美国心理学家亚伯拉罕·马斯洛于 1943 年提出马斯洛需求层次理论（见图 3-1），将人类需求从低到高按层次划分为五类：生理需求、安全需求、社交需求、尊重需求和自我实现需求。这种理论也被称为人类需求层次理论。

图 3-1　马斯洛需求层次理论

1. 生理需求

生理需求是人类最基本的需求，即能够维持人类生存的需求，反映在生活中就是衣、食、住、行等方面的需求，如为了方便出行，我们需要汽车等各种出行工具及各种地图软件。

2. 安全需求

安全需求一般是在生理需求得到满足的情况下，人们对自身安全和稳定方面的需求。安全需求主要体现在社会秩序、体质、法律、和平、医疗、教育等方面。比如出于对网络安全的需要，计算机、手机安装各种杀毒软件产品等。

3. 社交需求

感情上的需求比生理上的需求更细致。在生理需求和安全需求得到满足的情况下，人们就开始渴望亲人、朋友的爱与关注，希望能和别人建立起一定的交际关系。这和一个人的生理特性、经历、受教育情况、宗教信仰等有关系。

我们需要各式各样的社交软件来满足我们对爱与被爱的渴求，寻找感兴趣的或与自己身份背景相似的人群或行业相关的社群，从中获得归属感。在城市化的大环境下，人与人之间的线下连接逐渐弱化，邻里之间比较独立，互联网给人们创造了另一条连接途径，因此，微信、微博、百度贴吧、汽车之家等各种社交、论坛类产品大受欢迎。

4. 尊重需求

这是更高层次的精神需求，此时人们希望自己有稳定的社会地位，个人的能力和成就得到社会认可。信任和认可更多地体现在社交过程中，每个人的尊重与被尊重都存在于社交网络的交流互动中。

目前，很多网站功能设计是为了满足用户的尊重需求，比如货到付款服务，用户可以先拆包验货再签单，不满意可以不签单的，在这个过程中，用户的尊重需求就得到了满足。

5. 自我实现需求

自我实现需求是最高层次的需求，是实现个人理想、抱负和追求的需求。这大多体现在个体想成为某个领域的顶尖人物，甚至成为时代里程碑型的人。

自我实现是指个体的各种才能和潜能在适宜的社会环境中得以充分发挥，实现个人理想和抱负的过程，亦指个体身心潜能得到充分发挥的境界。

一款优秀的产品，通常是深谙人性并且能够持续稳定地产生用户黏性的产品。马斯洛的需求层次与产品需求之间其实存在一定的规律，具体如下：

1. 越靠近马斯洛需求层次理论底层的需求越是刚需

刚需即需求是硬性的、必需的，与之相对应的是弹性需求。弹性需求是在某些场景下才需要，是可选择的、非必要的。一款产品的核心竞争力在于是否解决了用户刚需。马斯洛需求层次理论最底层为生理需求，如生活类的衣、食、住、行，即刚需，其上一层为安全需求，个体安全感缺失也是普遍存在的，而越往上则变得越来越不必要，如自我实现需求变得可有可无、因人而异，变得有选择性，不再是所有人的刚需。

2. 满足马斯洛需求层次理论底层需求的产品呈现工具化态势

越是满足马斯洛需求层次理论底层需求的产品越是平淡无奇，如外卖类、租房类、公交类等产品，对于用户而言，它们已经成为一种工具，只有需要时才会打开，甚至对于一些"低频"工具类软件，只有需要时才会下载，用完即删。但基于满足底层需求的工具类产品，用户黏性未必最高，但通常是生存最久的。

3. 满足马斯洛需求层次理论高层需求的产品新鲜感驱动明显

满足马斯洛需求层次理论高层需求的产品，其用户基数小且缺乏刚性需求驱动，更多的是需要新鲜感来驱动。新鲜感驱动的产品，相对容易扩散和裂变，可以在短期内获取较大的用户基数，但很难形成强有力的黏性，用户的留存无法保证。因此，这类产品如何通过满足其目标用户的核心需求来将其留存，才是未来能否持续稳定生存的关键。

3.1.2 用户调研与用户画像

案例剖析 消费者为何"口是心非"？

几年前，索尼公司正在开发一款新的音箱 Boomboxes，于是公司的市场部邀请部分潜在消费者做访谈。在访谈中，当问到大家对音箱颜色的偏好是黑色还是黄色时，大家纷纷表示喜欢黄色，于是这次访谈在愉快的氛围中结束了。会后，索尼市场部的同事宣布赠送每人一个音箱作为答谢，黑色或黄色，大家可以自行挑选，令人惊讶的是大部分人选择了黑色音箱（见图3-2）。

消费者为何"口是心非"？面对用户的七嘴八舌，我们要做到去伪存真。我们可以从用户调研方法中寻找答案，本案例中索尼公司采用"焦点小组法"调研产品颜色是错误的，我们不能用定性方法下定

图3-2 索尼音箱

量结论。"焦点小组法"就是采用小型座谈会的形式，挑选一组具有同质性的消费者或客户，由一个经过训练的主持人以一种无结构、自然的形式与该小组的消费者或客户交谈，从而获得对有关问题的深入了解。

"焦点小组法"属于定性调研法，在交流时人们容易受到意见领袖的影响，比如某个口才好的人说出一段有说服力的话，有人表示同意，在从众效应的作用下，其他人也纷纷表示同意，结果一组用户达成一致意见。"焦点小组法"适用于调研"有什么""为什么"等问题，比如"你为什么喜欢黄色音响"。

因此，不同的用户研究方法适用于不同的场景，在实际应用中要有针对性地使用。

 知识探究

只要有人就会有需求，只要有两个及以上的人，那么他们的需求就会不一样，且人们的需求也在不断变化、不断升级。特别是在互联网逐渐步入大数据时代后，不可避免地给企业及消费者行为带来一系列改变与重塑，其中最大的变化莫过于消费者的一切行为在企业面前似乎都是"可视化"的。随着大数据技术的深入研究与应用，企业的关注点日益聚焦于怎样利用大数据进行目标用户需求分析及精准营销服务，进而深入挖掘潜在的商业价值。于是，用户调研、用户画像的概念应运而生。

1. 用户调研与用户画像概念解读

用户调研是指通过定性研究或定量研究的方式得到受访者的建议和意见，并对此进行汇总分析，进而研究事务的总特征。定性研究通常是对小数量规模的样本（样本数量通常为10~20个）进行分析，进而发现新事物的过程。定量研究则是对大规模的样本进行分析，进而发现事物的发展趋势。

用户画像，即用户信息标签化，就是企业通过收集与分析消费者静态数据，完美抽象出一个用户商业全貌的方式。用户静态数据（见图3-3）主要包括人口属性、商业属性、消费特征、生活形态、心理特征，其获取方式存在多种，有时需要多种调研方式相结合的方法，如通过小组座谈会、深度访谈来了解用户的真实心理需求，通过调研问卷获取用户的人口属性及消费特征等信息。

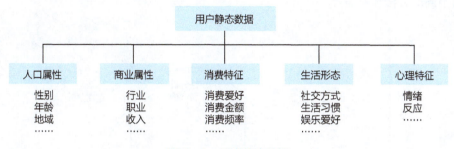

图3-3 用户静态数据

在产品规划初期，企业通常会采用用户调研的形式来了解用户，进而对产品的目标用户群有一个基础认知，当用户量不断增加时，则会辅以用户画像配合研究。发挥用户调研与用户画像的价值，需要团队成员能够从业务层面出发，结合业务场景和实际需求，以用户画像为基础来驱动业务发展，解决实际问题。

2. 用户调研贯穿产品生命周期

产品生命周期管理（Product Life-Cycle Management，PLM）是指对产品实施从人们对产品的需求开始到产品淘汰报废全部生命历程的管理。产品生命周期可以分为导入期、成长期、成熟期、衰退期四个阶段，如图3-4所示。PLM 是一种先进的产品管理方法，它让人们思考在激烈的市场竞争中如何用有效的方式和手段使企业实现利润最大化。

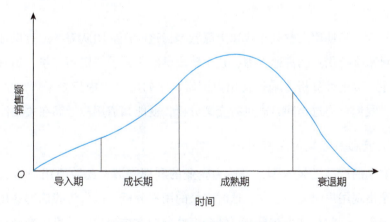

图3-4 产品生命周期四阶段理论

提到用户调研，人们首先想到的往往是产品开发阶段进行的用户调研，其实用户调研应该贯穿整个产品生命周期（见图3-5），且在不同的阶段，用户调研有不同的方法和侧重点。

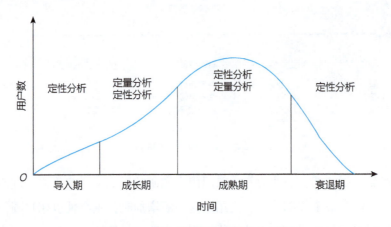

图3-5 用户调研贯穿产品生命周期

（1）产品导入期的用户调研

作为产品生命周期的最前期，我们需要知道目标用户是谁、他们有什么需求、我们的功能设计能否满足他们的需求。这时我们通过用户访谈、参考文献和主题专家访谈来了解用户需求，这是比较常用的三种定性分析方法。

此时产品刚上线，大部分目标用户还不了解产品，除了少数前沿、时髦、猎奇的用户外，产品基本上没有人使用。所以导入期更多的是调整营销策略，以避免产品还没到成长期就失败了。

（2）产品成长期的用户调研

成长期产品使用人数处于快速上涨状态，这时产品团队需要通过保证和提高产品质量来维持用户的高速上涨，这个阶段已经积累了一定用户量，通常以定量分析为主、以定性分析为辅进行用户调研。比如用户表中记录了用户登录的IP和时间，我们可通过访问日志进行交叉分析，就能知道用户近期在关注什么。

（3）产品成熟期的用户调研

成熟期的产品已经成型，且成为企业的利润来源，此阶段用户增长开始放缓，甚至出现用户流失的迹象。这时定量的用户分析可以告诉我们哪些用户可能会在明天离开，针对这个结果，再结合定性分析方法，我们就可以准确得到用户流失的原因。

在这个阶段，产品必须通过不断创新来保证竞争力，延长成熟期的时间。此时仍需要定性分析，比如根据用户需求增加新的特性，使产品重新进入成长期，或发现新的用户群，开辟新的市场等。

(4) 产品衰退期的用户调研

如果成熟期无法顺利延长或产品不能再次进入成长期，那么产品会逐渐消亡。如果是网站类产品，具体表现为新用户增长乏力、老用户流失加速。这时用户调研采取定性分析，了解用户流失的原因，为新产品的开发积累经验与数据支撑。

3. 用户调研方法解读

常见的用户调研方法有深度访谈、焦点小组、可用性测试、卡片分类、眼动测试、问卷调查等。在实际操作中，我们应该视调研目标来决定采用哪种调研方法。下面将详细解读这六种常见的用户调研方法：

(1) 深度访谈

深度访谈（见图3-6）是专业访谈人员和被调查者针对某一论题进行的时间较长的（通常是30min～1h），"一对一"式谈话。它用以采集被调查者对某事物的看法或做出某项决定的原因等，通常在被调查者家中或一个集中的访问地点进行，常用于了解个人是如何做出购买决策、产品或服务被如何使用以及消费者生活中的情绪和个人倾向等。

图3-6 深度访谈

深度访谈调研法技巧分享

技巧一　访谈前消除紧张情绪

有些用户比较怯场，紧张的情绪会对访谈结果带来一定影响，因此，访谈地点通常选择在用户的家中或者办公室，这些熟悉的生活环境能让用户保持放松状态。同时，在访谈前，通常会和用户闲聊几句，拉近关系，也是为了保持在轻松愉悦的环境下开始正式的谈话。

如果访谈在可用性实验室进行，那么访谈人员通常还会给用户倒杯水、准备一些零食，让用户休息一下再进行。正因为这样，实验室通常布置的比较温馨，也是为了达到让用户保持放松状态的目的。

技巧二　提示"这不是一场考试"

访谈开始前，访谈人员应尽量避免使用"请您来进行测试"这样的字眼"恐吓"用户。一般情况下，访谈人员会说"请您来体验一下我们的产品""请您帮助我们共同改善产品"。

这种方式是在给用户一个更高级的行为动机，以精神奖励来吸引用户参与，而不完全依靠奖品的诱惑"收买"用户。让用户实话实说，避免用户将问题归咎于自己，而不是产品缺点。

技巧三　循序渐进地提问题

很多时候，访谈一开始就陷入局部细节问题中。其实，我们不妨先让用户充分地表达自己的想法，描述他们最感兴趣的部分，而不是一开始就锁定细节，这样很难获得用户的完整信息图谱。

从总体到局部，从简单到复杂，从整体到局部，循序渐进地提问题，把用户逐渐带入话题中。先获得关于用户的完整信息图谱，再通过适当追问来慢慢补足局部。

技巧四　像聊天般交流

像聊天般交流是为了让用户尽量放松地表达自我。访谈人员应尽量记住用户的名字，以平常说话的风格来进行对话，而不是一场严肃的"考试"，学会眼神交流，不要念访谈大纲。

技巧五　避免过于开放和模糊的问题

"您觉得您的手机怎么样？"类似于这样开放和模糊的问题，用户很难回答，甚至会给出"我觉得很好啊"这样模糊的回答。

技巧六　勿让用户代表他人发言

大多数情况下，应该让用户根据自己的经历和偏好发言。访谈人员必须对"替别人说话"的用户保持敏感，在这种情况下，应该礼貌地要求用户根据自己的经历发言。

技巧七　关注"微表情"

"微表情"总会不知不觉地暴露真实的内在想法,从而让谎言有迹可循,这也是人类共有的一种特征。用户对产品的态度,语言表达可能存在不真实的情况。但是,比起用户有意识做出的表情,"微表情"更能体现真实的感受和动机。

技巧八　不要让用户成为产品经理

"你认为它应该设计成什么样的?""你理想中的产品是什么样的?"用户不了解产品策略,如果你问用户"你要什么样的交通工具?"那么他们的答案可能只是"我要一匹跑得更快的马"。对于复杂的问题,我们可以拆开,循序渐进地询问,这样用户不会不知所措,同时表达起来也比较充分。

技巧九　不要暗示和引导答案

不少产品经理是带着"预期假设"去调研的,如果带着已知结果去证明自己的假设是对的,那么必然会通过解读数据的局部现象去求证假设,事实上只是单一、特殊孤立的结果。

很多企业做产品和决策也容易如此,那么,调研结果通常就是已经知道的之前想要的那个,几乎不会有例外。出发点预设以及目的不正确的调研,很容易得出类似规律的结果,调研的目的是防止决策错误,避免片面思维,而不是单纯以此形成决策的。

技巧十　鼓励讲故事

"讲讲最近一周孩子从起床到出门的故事",如果你正在设计一款儿童闹钟,那么针对这个问题用户给出的答案也许会令你有意想不到的发现。讲故事会有一些我们漏掉、意想不到的新发现。

(2) 焦点小组

焦点小组就是采用小型座谈会的形式,挑选一组目标用户,在主持人的引导下进行开放、深入的讨论,而不是简单地提出问题并征得参与者回答的访谈活动。在讨论有关新产品方面的问题时,主持人会以直接或间接的方式使小组的讨论集中于某个问题。

焦点小组是帮助企业和咨询公司深入了解消费者内心想法的有效方法。目前,它在产品概念、产品测试、产品包装测试、广告概念、用户满意度、用户购买行为等研究中得到了广泛应用。

焦点小组调研法技巧分享

技巧一　明晰的调查目标

调查目标要有准确的定位。如果产品较复杂，那么焦点小组未必适合调查所有的功能。比如，我们没有办法对 iPhone 的所有功能进行焦点小组调查，因为可以讨论的范围太广了，但是我们可以只调查 iPhone 的 Home 键。

技巧二　舒适的现场环境

焦点小组座谈会建议安排在一间舒适的办公室内，环境较为简单，使与会者可以更好地关注本次调查而不受环境的影响，在访谈过程中，建议提供一些茶水和零食，使交流尽可能地开放自然。

技巧三　现场录制设备

焦点小组座谈会一般在较短的时间内完成，在高密度的谈话过程中，主持人及记录员很难记住每一个细节，因此安排现场录制设备是非常有必要的。

技巧四　保持过程的流畅性

焦点小组座谈会对主持人的要求相当高。主持人不仅需要了解调查产品，也需要和与会者有文化认同；不仅能有效地活跃现场，也能合理地把握节奏。比如，一个新的概念产品即将推向市场，而此时市场上还没有人了解这是一个什么样的产品。在这种情况下，如果连主持人自己都不了解这个产品，那如何引导与会者完成调查？而在组织海外市场的焦点小组座谈会时，主持人的多元化背景就显得尤为重要。

技巧五　出众的分析总结

焦点小组座谈会的目的不是完成调查，而是最后得出什么结论，怎样将这些结论运用到决策中。这就要求主持人有相当出众的总结分析能力，一方面，不能疏忽调查过程中一些至关重要的蛛丝马迹；另一方面，能从大局上进行把握。比如，八个与会者中有七个人非常喜欢某产品，而只有一个人表达了不同的观点，那么，这个人为什么不喜欢该产品就是这次调查的重要收获之一，这也可能是我们发现问题、提出解决方案的依据。

（3）可用性测试

可用性测试是通过观察有代表性的用户完成产品中的各项任务，界定出可用性问题并解决这些问题的活动。用户研究员根据测试目标设计一系列操作任务，通过测试五至十名用户完成这些任务的过程来观察用户实际如何使用产品，尤其是发现这些用户遇到的问题及原因，并最终达成测试目标。在测试完成后，用户研究员会与用户进行简单访谈，了解测试过程中用户遇到的问题。

可用性测试可以让产品部门尽早地发现问题、解决问题，提高用户满意度、忠诚度，降低用户的使用成本。可用性测试因实施成本低、易操作，被广泛用于用户调研。

可用性测试调研法技巧分享

技巧一　招募目标用户，控制用户数量

做可用性测试需要招募目标用户，如果不是真实用户，则很难融入场景中，反馈的意见也没有多大帮助。另外，招募的用户需要有能力并且有经验完成任务，而且有一定的动机来完成。参与测试的用户不宜过多。Jakob Nielsen 博士统计了尼尔森集团在 2012 年做的 83 个可用性测试项目发现：参与可用性测试的用户越多，并不能发现更多的问题。

技巧二　明确测试任务，控制测试时间

设计测试任务时，一定要明确本次测试的重点是什么，这在前期收集需求阶段就要明确。一个模块包含多个功能，如果每个功能都测试一遍，那么用户也会不满意，所以一定要有所取舍，而且最好在正式测试之前，先进行预测试。对于测试的时长，最好控制在 1h 左右。

技巧三　时刻观察用户，但不能对用户进行指导

测试时需要注意观察用户的肢体反应和情绪、表情的变化，并不时地问用户为什么感到惊讶、疑惑等，方便我们挖掘更多有用信息。另外，用户在测试时不知道接下来如何操作或者咨询怎么操作时，不能对用户进行技术指导，但当用户偏离测试任务时，可以提醒用户。需要注意的是，我们测试的是产品，不是用户。

（4）卡片分类

卡片分类是一种快速、廉价和可靠的方法，让用户对功能卡片进行分类、组织，并对相关功能的集合重新定义名称的一种自下而上的整理方法。其目的在于了解人们会把信息划分成什么类别、信息之间的关系以及如何描述被划分的信息，为我们设计导航菜单以及分类提供帮助。

卡片分类调研法技巧分享

技巧一　不要把父级项和子级项混在一起

卡片分类的重要步骤之一是确定分组群簇，群簇名也就是父级的定义，甚至可以交给目标用户自己完成，在卡片设计时尽量把颗粒度固定在一个层级上，有利于分类的科学性和合理性。如明确"商城""婴儿用品""洗护用品"三个信息项之间有明确无误的包含关系，则需要对卡片做出调整和筛选。

技巧二　信息项卡片数量不能太少

如果只有有限的几个元素，则没必要进行卡片分类，只需要进行简单的用户调研即可。

技巧三　信息项卡片不要选择颗粒度太细的层级

在信息项卡片的选择上，需要对颗粒度进行规范和定义，把颗粒度聚焦在有十几到几十张卡片的层级比较合适，目标用户在这个卡片数量范围内比较容易集中注意力和发挥逻辑思维能力，不建议把信息项颗粒度事无巨细地拆分细化到非常琐碎的层级，这样对目标用户和分析者都会是一个很大的考验，毕竟我们是需要用卡片分类来对设计做验证或提供信息参照，而不是完全按照结果去设计产品。

技巧四　卡片名称要描述清晰，定义清楚，没有歧义

伏尔泰曾说过，要是你想与我交谈，那请先对自己的用语下个定义。要确保自己和目标用户在说同一件事情，保持主题一致。如果认为卡片名称较难理解或可能会让被目标用户产生迷惑，则在卡片名称下添加这个卡片名称的具体描述。

（5）眼动测试

人的眼睛与心理活动总是有密切联系的，当用户在使用我们的产品时，通过他们的眼球运动所获得的信息,往往能比可用性测试和深度访谈获取更多的隐藏且有价值的内容。毕竟,我们所观察到的和用户所说的,都不是最直接、最全面的信息。因此,眼动追踪技术为用户体验行业提供了一种更为直接有效地了解用户行为态度的方法。

Tobii Pro Glasses 2 眼动仪(见图3-7)可以使用机器视觉技术捕捉瞳孔的位置,然后将这个位置信息通过内置的算法计算,获得用户在所看的界面上视线的落点,即可以测试出用户的视线在网页上移动的轨迹和关注的重点部位,可以帮助研究者对页面设计进行改进。研究者基于以上眼动仪记录的信息对网页进行调整,将重要信息放在用户关注点集中的位置。

图3-7　Tobii Pro Glasses 2 眼动仪

眼动测试调研法典型应用

眼动仪是眼动测试调研法的典型应用,主要用于商店货物摆放策略及机场导向标识系统设置研究(见图3-8、图3-9)。

眼动仪是一种能够客观衡量用户对营销信息的注意和自发反馈的重要工具。这些洞察力可帮助营销人员有效地设计传达要素来抓住用户的眼球。

图3-8　眼动仪在商店环境中的应用

图3-9 眼动仪在机场导向标识系统中的应用

(6) 问卷调查

问卷调查是人们非常熟悉且使用频率较高的方法,是指以书面形式向特定人群提出问题,并要求被调查者以书面或口头形式回答来进行资料收集的一种方法。问卷调查可以同时在较大范围内让众多被调查者填写,因此能在较短时间内收集到大量数据。但是制作一份问卷并不容易,尤其是在制定问卷目标、设计问题及文案上都有一定的专业要求。

一份高质量的调查问卷至少应该包括用户背景调查、用户行为调查、用户态度调查三个维度的问题。其中,用户背景调查包括性别、年龄、地区、收入、职业等基础数据,可用于构建产品的用户画像;用户行为调查包括从什么时候开始使用产品、使用产品的频率是多少、最常用的产品功能、有没有使用过相关竞品,一般特指客观发生的行为,用户不需要过多思考就可以作答;用户态度调查包括对产品是否满意、对产品最大的意见、最希望产品增加什么功能等问题,一般以半封闭和开放性题目为主。问卷调查应避免专业词汇、隐私、主观引导,每题一问,不笼统、不抽象。

问卷调查调研法技巧分享

技巧一 坚持目的性原则

目的性原则是指调查人员必须围绕问卷调查的目的设计问题。如果是描述性调查,调查人员设计的问题就应该围绕受调查者的基本情况来展开;如果是解释性调查,调查人员设计的问题就应该包括因果两方面指标,否则就无法达到调查的目的。但是,某些调查只有在被调查者不注意或不知道调查真正目的的情况下才能得到真实答案,这时调查人员就可以有意在问卷中设计一些掩盖真正目的的问题,当然这种情况并不多见。

技巧二　坚持客观性原则

调查人员设计的问题必须符合调查对象的客观情况。例如在调查用户对某产品的使用感受时直接询问一些技术问题,明显普通人是无法回答的,所以调查人员在设计问题时应当坚持客观性原则。

技巧三　坚持反向性原则

调查人员设计的问题是在考虑了最终想要得到的结果的基础上反推出来的,这就是反向性原则。反向性原则可以保证调查人员设计的问题不偏离调查目的,而且在问题提出时,调查人员已经充分考虑了问题的统计分析方法,避免出现无法分析和处理或使处理过程复杂化的问题及选项。

技巧四　坚持相称性原则

调查人员设计的问题必须与调查目的相称,但这一点与目的性原则不同。相称性原则是指问题的数量应该与调查范围相称。问题过少、覆盖面过窄,就无法说明调查所要说明的主题;问题过多、覆盖面过宽,不仅会增加工作量,提高调查成本,降低问卷回复率、有效率和回答质量,而且也不利于说明调查所要说明的主题。

技巧五　坚持自愿性原则

自愿性原则强调要注意敏感性问题的提问,调查人员必须考虑被调查者是否自愿真实地回答问题。如果被调查者不能自愿真实地回答问题,则这个问题不宜正面提出。

技巧六　坚持实用性原则

调查问卷的用词必须得当,容易理解。实用性原则要求问卷所用词句必须简单清楚,具体而不抽象,尽量避免使用专业术语。调查人员要考虑被调查者的背景和兴趣、知识和能力等,鼓励被调查者尽其最大努力来回答问题。凡是超越被调查者理解能力、记忆能力、计算能力、回答能力的问题,都不应该提出。

4. 以游戏直播为例,撰写用户调研报告

用户调研与用户画像可以将产品规划的焦点放在目标用户的动机和行为上,

从而避免产品规划人员草率地代表用户,但用户调研与用户画像并不是万能的,我们进行用户访谈并不是要让用户替我们去思考解决方案,而且用户也无法给出一个完整的解决方案。正如乔布斯所言,很多时候,用户并不知道自己想要什么,直到你把产品放在他面前。用户无法像专业人员那样结构化、条理性地将需求表达出来,此时就需要产品规划人员依据用户反馈及自己的专业知识来撰写用户调研报告,系统梳理用户需求、产品需求及目标用户画像。××游戏直播平台用户调研报告见表3-1。

表3-1 ××游戏直播平台用户调研报告

文件状态： [ ]草稿 [ ]正在修改 [ ]正式发布	当前版本	
	作者	
	完成日期	

修订历史

序号	版本	编写/修订说明	修订人	修订日期	备注
1					
2					

（1）调研背景与目的

近年来,中国游戏直播平台市场规模迅速增长,这得益于平台收入多元化和运营秀场化。游戏直播平台收入将继续保持高速增长,特别是2017年,中国游戏直播用户更是呈爆发式增长,未来虽然增速放缓,但整体规模庞大。

A公司正在布局游戏直播领域,打算做一款游戏类直播产品,故寻找身边的用户,通过问卷调查与深度访谈相结合的方式,找出游戏直播用户的典型特征及偏好,并形成调研报告,为之后的产品设计提供依据。

（2）确定目标用户

游戏直播用户是指每个月至少看过一次游戏视频的直播用户。根据相关调研报告,游戏直播用户基本画像见表3-2。

表3-2 游戏直播用户基本画像

静态数据	特征描述
人口属性	以男性用户为主，约占 67.8% 年龄集中在 19~24 岁，30 岁以下的用户占了绝大部分比例 地域分布广泛，广东、四川、江苏占比较高
商业属性	个人月收入集中在 3000~8000 元档 以大学生、互联网行业从业人员为主
消费特征	用户付费打赏率低，有 70% 的人进行互动，但仅有 7% 的人有过付费打赏行为 小额高频打赏，在 Top 10000 的主播中，单个粉丝给主播打赏的金额中超过 91% 的用户低于 10 元 付费的人群中，约 85% 的人赠送道具打赏主播，约 52% 的人购买粉丝会员，约 50.3% 的人直接进行用户打赏
生活形态	每月观看频次至少一次，至少半年观看直播历史 正在玩或玩过主流游戏 至少有一位固定关注主播
心理特征	享受游戏中的成就感 对固定关注的主播存在一定膜拜感 在观看游戏直播的过程中，情绪易受到主播影响

（3）确定调研方式及内容

依据产品的性质，A 公司决定采用问卷调查与深度访谈相结合的方式，找出游戏直播用户的典型特征及偏好，见表3-3。

表3-3 游戏直播用户需求调研问卷

1. 您的性别是： ○男　　　　　　　　　　○女
2. 您的年龄：_____
3. 您的月收入： ○2000 元以下　　　　　○5000~8000 元　　　　　○10000 元以上 ○2000~5000 元　　　　　○8000~10000 元

（续）

4. 您曾经玩过或正在玩的网络游戏有哪些？ ○英雄联盟　　　　　○阴阳师　　　　　　○其他（请注明）_____ ○DOTA2　　　　　　○王者荣耀　　　　　○不玩游戏 ○穿越火线　　　　　○"吃鸡"类手游 ○炉石传说　　　　　○球球大作战
5. 您每周在游戏直播上花费的时间为： ○0~1小时　　　　　○3~5小时　　　　　○10小时以上 ○1~3小时　　　　　○5~10小时
6. 您一般在什么时间段观看直播？ ○0~8时　　　　　　○12~14时　　　　　○18~20时 ○8~12时　　　　　 ○14~18时　　　　　○20~24时
7. 您一般在何种平台观看游戏直播？ ○虎牙　　　　　　　○YY　　　　　　　　○其他 ○斗鱼　　　　　　　○战旗 ○熊猫　　　　　　　○B站
8. 喜欢看游戏直播的原因： ○无聊，打发时间　　　　　　　　　○工作压力太大，看会儿游戏视频减压 ○学习先进的游戏技术和操作技巧　○用游戏联络朋友间的感情 ○喜欢与大家一起讨论或与主播互动　○其他
9. 进入直播第一件事情一般做什么？ ○查看关注的主播是否正在进行直播　○随便逛逛，看到感兴趣的直播点进去观看 ○查看推荐页面，寻找感兴趣的游戏点击　○查找电竞游戏类的赛事直播 ○搜索感兴趣的游戏直播，寻找直播　　○其他
10. 观看过程中会用哪些方式进行互动？ ○评论，发弹幕　　　　　　　○赠送道具、打赏主播 ○送礼物　　　　　　　　　　○购买粉丝会员 ○关注，订阅主播　　　　　　○发帖讨论，比如使用斗鱼的鱼吧进行讨论 ○直接付费打赏主播　　　　　○其他
11. 决定关注某个主播时考虑的因素有哪些？ ○主播声音和外貌　　　　　　○关注该主播的人数 ○主播直播的内容　　　　　　○对主播的熟悉程度 ○主播知名度　　　　　　　　○主播性别 ○主播成就　　　　　　　　　○其他

(续)

12. 在什么情况下你会换一个平台观看直播？ ○喜欢的主播走了　　　　　　　　　○虚拟礼物/代币用完了 ○某主播不当行为导致你对平台的反感　○弹幕太多 ○平台的用户体验变差，直播画质不佳　○其他
13. 通过什么方式发现自己感兴趣的直播内容？ ○App 内排行榜　　　　　　○App 内主播推荐 ○朋友推荐　　　　　　　　○根据 App 内不同标签分类查找 ○App 内搜索　　　　　　　○根据直播间的热度和实时关注人数 ○直接找知名主播　　　　　○其他 ○外部渠道广告
14. 游戏主播的哪些行为你不喜欢？_____
15. 针对体验不好的地方，你希望平台做出哪些改善？_____

（4）选取用户样本

用户样本从身边玩游戏的用户中选取，考虑到游戏直播用户年龄集中在 19~24 岁，故从大学生和职场新人两类人群中遴选 100 名用户参与问卷调查，再从这 100 名用户中选取三名重度游戏直播用户进行深度访谈，了解用户的真实需求。

我们设置三个简单问题来筛选用户样本：

1）是否喜欢观看游戏直播？

2）平均每周观看游戏直播的频次。

3）平均单次观看游戏直播的时间。

（5）调研的实施

通过微信、短信或邮箱发送问卷链接的形式邀请游戏直播的目标用户参与调查问卷的填写，在涉及游戏直播用户体验细节的研究中，选取 2 名重度游戏直播用户进行面对面的深度访谈。

小苏，男，大三学生，两年观看游戏直播经历

（6）绘制用户画像

★ 小苏

1）出发点。

- 想快速提高游戏技巧。

2）行为表现。

- 平时下课后或者周末都会观看游戏直播。
- 玩游戏前，会登录游戏直播平台查看自己选的英雄，例如，最近玩王者荣耀选的英雄是老夫子，就会在直播平台上找讲解老夫子的主播，观看主播对游戏技巧的解说。
- 观看游戏直播时，会与主播互动。

3）个人需求。

- 寻找专业主播，能详细讲解游戏技巧。
- 主播最好能积极响应"我"的互动。

★ 小李

1）出发点。

- 出于兴趣，消遣时间。

2）行为表现。

- 空闲时会看游戏直播，但不会影响日常生活和工作。
- 喜欢说话有趣、有独立风格的主播。
- 经常看自己喜欢玩的游戏的主播。
- 观看直播时，喜欢跟直播或其他观众互动。
- 喜欢看主流的电竞赛事。

小李，男，信息技术（IT）企业员工，毕业一年，一年观看游戏直播经历

3）个人需求。

- 充斥空闲时间，消遣时间。
- 与主播逗趣。
- 想看热门游戏。

（7）产品建议

1）邀请优质主播入驻，输出高品质内容。用户对自己欣赏的主播有很高的忠诚度，因此平台在初期不仅要引入一些对观众有影响力、自带流量的主播，同时也可以尝试帮助主播输出优质内容。这可以效仿其他平台底层扶持（每月推荐中小主播）、中部培养（参加平台专业生产内容（PGC）节目、赛事）、头部升级（提供转型明星的途径）等方式。

2）获取或组织更多赛事直播。调查问卷分析发现，用户普遍对电竞赛事有着很高的关注度。平台运营方应尽可能多地获取赛事直播的播放版权或利用主播的资源去尝试组织赛事，在吸引更多用户关注比赛的同时扩大平台的影响力。

3）推出更多的免费打赏方式和小额打赏功能。虽然用户普遍付费意愿低，但是可以看到观众免费打赏的使用率非常高，说明用户在观看直播时有较强的表达欲望，只是还没有养成付费的习惯，因此在打赏方面可以推出更多的免费打赏方式和小额打赏功能，慢慢地培养用户的消费意识。

4）推出更多游戏学习类节目。观看直播节目的观众较为年轻化，不会长期固定地观看某一特定的节目，因此平台在内容上也要注意挖掘，针对用户学习游戏操作方面的需求推出一些教育类的直播节目，针对用户不断变化的口味推出多种直播频道，不局限于游戏节目。

3.1.3 市场分析与行业洞察

案例剖析 一个羊肉泡馍小店的市场分析与行业洞察

在大众创业、万众创新的号召下，毕业三年的小张打算自主创业，计划在深圳开一家羊肉泡馍小店，开店前他打算进行市场分析及行业洞察，以便做出商业预测。

针对市场分析，他打算收集分析以下问题：

1）深圳喜欢吃羊肉泡馍的人有多少？

2）未来，深圳喜欢吃羊肉泡馍的人会增加还是会减少？

3）羊肉泡馍这种饮食是否匹配深圳的饮食习惯？

4）目标定价能否被大部分消费者接受？

针对行业洞察，他打算收集分析以下问题：

1）羊肉和面粉的供应商是否有较强的议价能力？

2）类似的兰州拉面、黄焖鸡米饭是否更吸引消费者？

3）周边是不是已经有很多家羊肉泡馍小店了？

4）其他人会不会很容易就开一家羊肉泡馍小店？

5）我们家的羊肉泡馍是否有独家秘方，口味广受消费者青睐？

读完上述一个羊肉泡馍小店的市场分析与行业洞察案例，大家是否对市场分析与行业洞察有初步理解？如果按照这个案例来定义市场与行业，那么市场就是想吃羊肉泡馍的消费者所处的消费环境，行业就是同样能做羊肉泡馍的店铺及其他竞争者。

 知识探究

保持对市场与行业的高度洞察力和敏感度是每一个创业者必须具备的，世上从来不缺新奇有趣、让人眼前一亮的想法，很多人捕捉到了这些想法并进行了深入的用户调研，却依然失败了，为什么？很大一部分原因是没有进行科学有效的市场分析及行业洞察，做出了错误的商业预测。

市场分析与行业洞察侧重点有所不同，市场分析侧重消费者所处的消费环境分析，一般采用 PEST 分析模型；行业洞察侧重观察同类企业，一般采用波特五力模型。

1. 市场分析之 PEST 分析模型

PEST 分析模型是从政治（Politics）、经济（Economic）、社会（Society）、技术（Technology）四个方面，基于企业战略的眼光来分析企业市场环境的一种方法。PEST 分析模型能够使企业较好地把控市场环境现状及发展趋势，有利于企业对生存发展的机会加以利用，对环境可能带来的威胁及早发现并避开。

（1）政治环境

政治环境是指一个国家或地区的政治制度、体制、方针政策、法律法规等方面。这些因素常常影响企业的经营行为，尤其是对企业的长期投资行为有较大影响。比如煤炭行业和旅游业，国家为发展新能源，改善环境，正在大力支持旅游业发展，推动新农村建设，并对煤炭行业加大监管力度，对不符合法律规定的煤炭企业进行处罚。

（2）经济环境

经济环境是指企业在制定战略的过程中须考虑的国内外经济条件、宏观经济政策、经济发展水平、行业总体容量及增长率等多种因素。重要监视的关键经济变量有财政货币政策、失业率水平、居民可支配收入水平、汇率、通货膨胀率等。

(3) 社会环境

社会环境是指企业或产品所在社会成员的民族特征、文化传统、价值观念、宗教信仰、教育水平以及风俗习惯等因素。比如，某国居民对于外国产品和服务的态度如何？该国性别角色差异如何？宗教信仰是什么？语言障碍是否会影响产品的市场推广？

(4) 技术环境

技术环境是指企业或产品业务所涉及国家和地区的技术水平、技术政策、新产品开发能力以及技术发展的动态等。比如现有技术水平能否支撑企业开发这款产品？现有技术水平能否降低产品和服务的成本并提高质量？

接下来，我们用 PEST 分析模型分析我国新能源汽车市场。近年来，随着环保理念的发展和动力电池技术的逐渐成熟，新能源汽车已经逐渐成为未来发展的大趋势。而新能源汽车的发展极大地降低了传统意义上的汽车产业的技术门槛，国产新能源汽车在短时间内呈"井喷式"登场，国际汽车巨头也纷纷入驻中国市场。2021 年 3 月新能源汽车销量排行榜如图 3-10 所示，其中居榜单前两名的分别是宏光 MINIEV 和特斯拉 Model 3（见图 3-11）。

排名	新能源	2021年3月（辆）	2020年3月（辆）	同比增长率
①	宏光MINIEV	29 413	—	—
②	特斯拉（Model 3）	25 327	11 543	119.4%
③	特斯拉（Model Y）	10 151	—	—
④	欧拉R1	8 527	1 138	649.3%
⑤	比亚迪汉EV	7 956	—	—
⑥	埃安（Aion S）	5 738	2 957	94.0%
⑦	奇瑞eQ	5 308	1 073	394.7%
⑧	理想ONE	4 900	1 447	238.6%
⑨	奔奔EV	4 076	619	558.5%
⑩	哪吒V	3 206		
⑪	蔚来E56	3 152	1 479	113.1%
⑫	荣威eRX5	2 973	—	—
⑬	小鹏P7	2 855		
⑭	零跑T03	2 827		
⑮	比亚迪D1	2 796		

图 3-10 2021 年 3 月新能源汽车销量排行榜

a）宏光 MINIEV　　　　　　　　b）特斯拉 Model 3

图 3-11　宏光 MINIEV 和特斯拉 Model 3

- 政策驱动引导新能源汽车市场（政治环境）

随着燃油汽车销售量的持续增加，由此带来的环境污染和能源消耗问题日益凸显。我国在燃油标准、管理规划、财政补贴等方面出台了一系列政策法规，引导以石油为主要燃料的汽车产业的合理发展，这些政策法规有力地促进了节能减排、新能源汽车的研发与推广。

- 用户消费需求旺盛，市场购买力强劲（经济环境）

随着社会经济的快速发展和人民生活水平的不断提高，我国汽车化进程不断加快，汽车保有量上升（见图 3-12），汽车消费需求旺盛，市场增长潜力巨大，且目前我国人均可支配收入逐年上升，市场购买力强劲。但我国汽车行业起步较晚，新能源汽车配套措施建设存在一定延迟性。

图 3-12　2015—2020 年我国汽车保有量统计

- 用户对新能源汽车的接受度逐年提升（社会环境）

从社会文化环境分析，用户对汽车产品的消费需求和倾向趋于多样化，从而促进汽车产品呈现多样化发展，用户对新能源汽车的接受度逐年提升。

- 电池容量、充电速度等关键技术仍待攻克（技术环境）

新能源汽车的关键技术仍未攻克，如电池容量及充电速度，一些关键元器件仍处于国外企业垄断阶段，如自动变速器及部分汽车电子产品等。

综上所述，我国新能源汽车市场，无论政策环境还是经济环境、社会环境都已经成熟，目前比拼的是技术实力，新能源汽车企业只有通过加大基础技术的研究，快速形成技术壁垒，才可能进入我国新能源汽车领域并占据领导地位。

2. 行业洞察之波特五力模型

被誉为商业管理界"竞争战略之父"的迈克尔·波特于 20 世纪 80 年代提出了波特五力模型（Michael Porter's Five Forces Model）（见图 3-13）。他认为行业中存在着决定竞争规模和程度的五种力量，即供应商的议价能力、购买者的议价能力、潜在竞争者进入的能力、替代品的替代能力、行业内竞争者现在的竞争能力，这五种力量综合起来影响着产业的吸引力以及企业的竞争战略决策。目前，波特五力模型已经被很多企业用来分析行业的基本竞争态势，为企业战略制定提供依据。

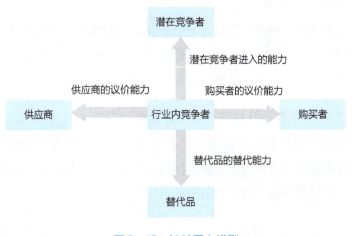

图 3-13　波特五力模型

（1）供应商的议价能力

供应商的议价能力是评估企业与上游产业谈判价格的能力。一个产品从原材料到用户的手中，需要经过多个工序（流程），每一个工序（流程）都会涉及利益分配，如羊肉串的产业链：农场主—贩卖商—烧烤摊，如果你正在做烧烤摊，只有一个贩卖商，那么你别无选择，只能从他们那里买，而贩卖商可能聚焦与你合作或为独特资源收取过高的价格。再如零售行业，沃尔玛与小商店相比，与上游产业（供应商）的议价能力就强很多，往往越能挤压上游产业利润。

(2) 购买者的议价能力

购买者的议价能力是评估企业与下游产业谈判价格的能力。简单来说，就是评估购买者的议价能力。强势的行业往往具备较强的谈判能力，能够合理控制自己的利润，比如房地产与零售行业相比，哪个与下游产业的谈判能力更强呢？显然是房地产行业，特别是一线城市，置业需求旺盛，但新房市场供应规模仍相对有限。市场中的购买者数量、购买者从一个供应商切换到另一个供应商的成本、市场中供应商的数量等因素都会影响购买者的议价能力。

(3) 潜在竞争者进入的能力

盈利的市场必然会吸引潜在竞争者，潜在竞争者越多，越会降低整个行业的盈利能力，因此要评估所选行业的行业壁垒，竞争壁垒越高，行业就越好。比如房地产行业的壁垒较高，潜在竞争者需要拥有良好的软硬件资源才能立足。

(4) 替代品的替代能力

替代品是帮助用户解决问题的另一个选择。它增加了用户应对价格上涨而转向替代品的可能性，它可能已经存在或者还没出现在市场上。比如，电子书相对纸质书而言就是一个替代品；微信语音相对电话通信而言也是一个替代品。

(5) 行业内竞争者现在的竞争能力

行业内竞争者现在的竞争能力主要是指现有行业"玩家"的数量及能力，如果同一行业存在众多竞争对手，它们提供无差别的产品及服务，或某一行业存在垄断巨头，那必然会降低行业吸引力。

接下来我们用波特五力模型分析星巴克所处的咖啡店行业。

(1) 供应商的议价能力较强且产品质量有保障

星巴克的主要供应商是咖啡豆供应商和牛奶供应商，其中咖啡豆大约有50%来自拉丁美洲、35%来自太平洋周边、15%来自东非，因咖啡豆的质量对星巴克咖啡而言非常重要，尽管星巴克在咖啡业占据行业优势，但它并没有利用自己的购买能力来压榨咖啡豆供应商从而达到提高利润的目的。星巴克携手一家非营利性国际环境保护组织，联合开发了咖啡与种植农户公平惯例准则，来帮助咖啡种植农户改善生计，从而长期保证高品质咖啡的生产。

对星巴克来说，供应商的议价能力较强，但咖啡豆占总成本的比例不高，不至于威胁它的竞争地位，关键是保证咖啡豆的质量。

(2) 购买者的议价能力较弱

星巴克作为一种休闲文化品牌，并不是一个单纯的卖咖啡的地方。消费者支付的费用不仅为有形的咖啡成本买单，也为无形的咖啡体验买单。特别是在中国市场，星巴克有自己独特的消费群体，对于年轻消费者来说，星巴克的产品体验与定价在他们接受范围之内。消费者对价格的敏感度较低，因此购买者的议价能力较弱。

(3) 潜在竞争者进入的威胁并不大

咖啡行业的技术含量不高，进入壁垒并不是太大，但是咖啡行业同时是一个较为独立的行业，具备专门化的资本、战略的相关性、情感障碍以及政府和社会的约束，退出壁垒比较大，潜在竞争者没有十足的把握不敢贸然进入，即使有潜在竞争者进入，星巴克的品牌优势不容易被替代，潜在竞争者要想威胁星巴克的地位，必须提供与它相类似的环境和品牌认同感，这在短时间内是很难做到的。因此，潜在竞争者对星巴克的威胁不大。

(4) 替代品的替代能力不强

咖啡的替代品是果汁、奶茶等，但现在星巴克也有特制的果汁、奶茶供应。尽管街上到处都有卖果汁、奶茶的门店，但这些门店没有完整的品牌体系，无法营造星巴克特有的氛围和体验，所以替代品的替代能力不强。

(5) 行业内竞争者现在的竞争能力正在逐步加强

如图3-14所示，目前中国市场上主流咖啡品牌有COSTA、上岛咖啡等。虽然星巴克已经建立了自己的品牌文化，推出了星巴克体验，但现有的竞争者也在做类似的品牌文化和环境体验，它们正在逐步威胁星巴克的市场领先地位。

综上所述，星巴克在行业内具备较强的供应商议价能力和较弱的购买者议价能力，但也面临着来自于外界的激烈竞争，当然星巴克也在主动创新，主动求变来适应市场变化，比如推出外卖服务、重构第三空间、咖啡杯等周边产品。

图 3-14 中国市场主流咖啡品牌

3. 以托管教育为例,撰写市场分析与行业洞察报告

市场分析与行业洞察报告属于调查研究报告的文体范畴,是企业对市场的客观情况、行业现状调研分析后形成的建议性报告,是企业认识市场、了解市场、掌握行业动态的主要工具之一,可以帮助企业发现行业商机、准确把握市场脉搏、最大限度降低决策风险。××托管教育市场分析与行业洞察报告见表 3-4。

表 3-4 ××托管教育市场分析与行业洞察报告

文件状态: [ ] 草稿 [ ] 正在修改 [ ] 正式发布	当前版本	
	作者	
	完成日期	
修订历史					

序号	版本	编写/修订说明	修订人	修订日期	备注
1					
2					

"学生托管"服务自 20 世纪 90 年代起出现,最初以学校教师在家开设课后和寒暑假的"补课班"和午晚餐"小饭桌"为主要形式。忙碌的父母把孩子放到班主任和任课老师家,既可以解决孩子下课早的问题,又能提高学习成绩,老师也能在工资外"创收"。

教育部门禁止公立学校老师私自收费后,市场刚需催生了一大批家庭作坊式"小饭桌"和以"小饭桌"功能为主的私人托管班。从业人员往往以家庭主妇或离退休教师为主,地点多选择在小区居民楼内。

2010年以后,"托管服务"升级为"托管教育",各机构在满足吃饭、午休基本需求外还提供各具特色的专业教育、文体娱艺和兴趣培训。从业人员逐渐向专业托管教育老师过渡,机构地点也逐渐倾向正规临街商铺。

(1) 托管教育市场分析

1) 政府层面加大托管教育市场管理力度,托管教育呈现正规化、标准化趋势。

①政府开始整治,准入门槛提高,大量机构将被淘汰。

2020年12月,在全国培训教育发展大会上,教育部有关处室负责人表示,要进一步"内外联动",对校外培训机构予以引导规范。

这说明国家重视校外教育培训行业,经过整治行业乱象得以改善。企业间相互吞并,低质量机构将被淘汰,优质机构得以快速扩大。

②政府启动校内托管服务,将分流部分需求用户。

以北京为例:2018年9月,北京市教育委员会发布了《北京市教育委员会关于加强中小学生课后服务的指导意见(试行)》,从2018年9月起在全市义务教育阶段学校提供课后托管服务。周一到周五校内托管原则上延长两小时到下午5:30,将在教师自愿、学生自愿的前提下开展,以体育、艺术、美育为主。校内托管不收取费用,教师参加课后托管将有薪酬,由市级、区级财政承担。

就目前已实行的校内托管效果来看,无法从根本上解决用户需求,校内业务拓展存在诸多难点,无法真正替代校外托管,因此校外托管仍有市场发展机会。

校内托管面临很多问题,如托管老师难以投入热情,加班经费低,基本属于义务加班,无法从根本上带动托管质量;兴趣课程种类少,由于师资不足,学校很难主动开设兴趣课程,只能满足基本的课后服务需求,有更高需求的家长宁愿花钱送孩子去校外培训班;安全压力大,学生在校的安全问题要求托管老师负责,托管老师会产生很大的安全管理压力,他们普遍觉得提供课后服务"吃力不讨好"。

2) 托管教育市场规模持续增大,市场前景广阔。相关统计数据表明,中国拥有3亿适龄儿童,"望子成龙、望女成凤"是每一个家长的夙愿,中等规模城市,3~6岁学前儿童有3万~5万人,7~12岁小学生有5万~8万人,年人均业余教育支出约为3000元,其中90%以上家庭需要课外培训。

3）社会"教育"焦虑现象蔓延，托管教育接受程度高。随着我国三孩政策的放开，全国小学生数量呈几何式增长。"不要让孩子输在起跑线上"等观念令很多家长存在教育焦虑，在子女教育上投入较大。

4）托管教育技术门槛较低。托管教育涉及"接、送、吃、睡、辅导作业"及部分兴趣班，从业人员的技术门槛并不是太高，托管教育技术环境渐趋成熟。

（2）托管教育行业洞察

1）供应商的议价能力。托管教育行业的供应商分为硬件设备提供商和人力资源提供商。

① 硬件设备提供商。托管教育机构的主要硬件设备是教育场所及设备，目前教育场所和设备都是买方市场，所以对于硬件设备的议价能力主要掌握在买家手中。

② 人力资源提供商。托管教育机构的人力资源包括教师、大学生、离退休人员等。这部分人力资源目前仍是买方市场，议价能力仍然掌握在买家手中。

2）购买者的议价能力。托管教育服务的人群为 3～12 岁儿童，提供线下服务，真正买单的人群是家长，聚焦中产阶级，他们为了能够把孩子教育得更好，大多舍得在孩子教育上投入大量资金。中产阶级家庭目前关注的生活重点如图 3-15 所示。

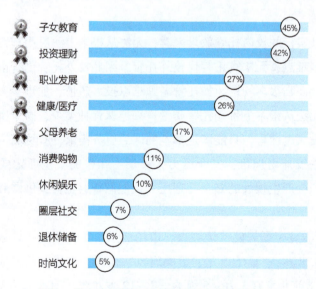

图 3-15 中产阶级家庭目前关注的生活重点

同时，目前市面上托管教育机构种类繁多，用户可选择的教育机构有很多，具备一定的议价能力，因此托管教育机构在市场化定价的同时，要注重提高服务质量。

3）潜在竞争者进入的能力。强大的市场需求必然推动众多潜在竞争者进入托管教育行业，进入者越多，整个行业的盈利能力就越弱。因此，托管教育机构应该充分练好"内功"，提高托管教育质量，压低托管教育成本，快速品牌化，筑造坚强壁垒。

4）替代品的替代能力。托管教育机构提供的是从业人员面对用户的服务，而这种服务很难被其他形式的产品或服务替代，所以潜在的产品或服务对托管教育机构的威胁不是很大，被替代的可能性较小。

5）行业内竞争者现在的竞争能力。目前，托管行业中仍以小作坊式的托管机构为主，专业化、品牌化的大机构较少，传统"小饭桌"形式的学生托管存在问题较多，比如资质不全、托管场所狭小简陋、活动空间不足、餐饮卫生无法保障、消防安全设施缺位、托管人员素质参差不齐、没有教师资格证等，无法保证孩子的托管教育质量和安全问题。

（3）市场分析与行业洞察建议

托管教育正处于蓬勃发展阶段，具有较大的市场容量，在机会面前，政策因素对校外托管的影响并不大。

当前已经形成规模化发展、具有品牌效应、专业化的托管教育机构不多，托管行业市场潜能巨大，从前瞻性的角度来看，这给有实力的品牌托管教育机构提供了机遇和动力。

3.1.4 竞品分析

案例剖析 知彼知己，百战不殆

"知彼知己者，百战不殆；不知彼而知己，一胜一负；不知彼，不知己，每战必殆"出自《孙子兵法·谋攻篇》，意思是在军事纷争中，既了解敌人又了解自己，打多少场仗都不会有危险；不了解敌人而只了解自己，胜败的可能性各半；既不了解敌人又不了解自己，每次战斗都有危险。

在军事纷争中，不仅要清醒地认识自己，也需要理性地看待对手。其实，在生活中也处处存在竞争分析，比如：

1）体育比赛前，各球队会对对手之前比赛的录像进行分析研究，寻找对手技术战术的使用特点，从而在训练及正式比赛中有针对性地限制对手。

2）菜市场卖菜的大叔会暗自观察其他菜摊的蔬菜价格和成色，以便调整自己的价格和货源。

3）作为消费者，我们在购物时也会货比三家，例如，谁家的菜更便宜？谁家的菜更新鲜？

这就是竞争带来的必然结果。

 知识探究

1. 竞品分析概念解读

"竞品分析"（Competitive Analysis）一词源于经济学领域，市场营销和战略管理方面的竞品分析是指对现有的或潜在的竞争产品的优势和劣势进行评价，现被广泛应用于互联网产品的立项筹备阶段。产品团队对多个竞品的商业模式、产品策略、功能框架、价格体系、渠道模式等进行多维度的横向对比分析，从而对自家产品的需求把握和市场态势有更加清晰的认识。

经过产品异同点对比后，对每个异同点进行深入研究，结合目标用户体验、产品定位、成本信息等因素找到最佳点，并以此作为自家产品改进的方向，进而超越竞品，抢占竞品市场，将竞品慢慢挤出市场，或者另辟蹊径，找到新的产品定位，成为某个垂直领域的开创者。

2. 竞品分析流程

竞品分析流程包括确定目标、遴选竞品、筛选维度、选择方法、收集信息、得出结论、输出报告七个步骤。

(1) 确定目标

确定目标是做任何事情的前提，竞品分析也是如此，在剖析竞争对手前，必须把自己的情况梳理明白，为下一步精准分析打基础。

(2) 遴选竞品

确定目标后，就要遴选竞品。竞品分为解决同样需求的同样产品和解决同样需求的不同产品两种。遴选竞品的一般原则是按照市场占有率从高到低筛选出排名前四至五位的产品进行分析。简单来说，就是抓住销量好的产品进行分析，若满足不了需求，则继续增加目标产品。

(3) 筛选维度

竞品分析可以从企业、用户、产品三大维度介入，维度的筛选可以依据不同阶段的不同目标视具体情况灵活掌握。

1) 企业层面。企业层面即企业对该产品的重视程度，包括市场、产品、运营、技术团队规模及核心目标、运营盈利模式、市场占有率等。

2) 用户层面。用户层面包括用户群体覆盖面、用户体验分析、固定周期的注册用户量、有效转化率等。

3) 产品层面。产品层面包括产品功能细分及对比、稳定性、易用性等。

(4) 选择方法

常用的竞品分析方法有 SWOT 分析法和表格对比法等。

1) SWOT 分析法。SWOT 分析法也叫态势分析法，是 20 世纪 80 年代美国教授海因茨·韦里克提出的，经常用于企业（产品）战略决策、竞争对手分析，对产品面临的 S（Strength）——竞争优势、W（Weakness）——竞争劣势、O（Opportunity）——机会、T（Threats）——威胁进行综合和概括，以使企业更好地了解自己、了解竞争对手，找出产品的发展优势。对沃尔玛进行 SWOT 分析（见图 3-16），可以直观地看出其竞争优势、竞争劣势、机会和威胁。

图 3-16 沃尔玛 SWOT 分析

2）表格对比法。表格对比法主要用于竞品的功能点对比，就是将竞品功能点罗列出来，进行简单有无评判。当然，在评判功能时也需要看主要功能、次要功能以及是否属于多余功能。以快的打车和滴滴打车为例，采用表格对比法（见表3-5），分析其功能。

表3-5 竞品分析之表格对比法

功能模块	功能点	快的打车	滴滴打车
叫车	实时语音叫车	有	有
	实时文字叫车	有	有
	预约叫车	有，支持预约两天	有，支持预约三天
	可选调度费用	有	有
	留言交流	支持给司机发语音消息	支持文字留言（捎话），默认提供最常用的7句话
	POI历史记录	有	有
	一键打车	有，支持三个地点	有，支持两个地点
	POI收藏	有	无
	商务专车	无	有

（5）收集信息

收集信息是一个非常庞杂的工作，具体途径如下：

1）内部市场、运营部门、管理层等信息收集。

2）艾瑞咨询、互联网数据中心（DCCI）、Alexa。

3）竞争对手网站、交流互动平台、产品历史更新版本、促销活动、最新调整、招聘信息等。

4）竞争对手的季度/年度财报。

5）行业媒体平台新闻、论坛、QQ群等。

6）调查核心用户、活跃用户、普通用户不同需求弥补和代替的产品。

7）使用竞争对手的产品、客服咨询、技术问答等。

8）搜索国外同行业的官网及行业信息订阅（市场竞争可能不大，但盈利模式和功能定义用户群体具有一定的前瞻性和市场趋势导向性）。

(6) 得出结论

竞品分析是在某个特定场景下提出来的，具有极强的针对性。另外，当我们得出结论时一定要注意场景化，根据自身条件找到结论。

(7) 输出报告

竞品分析报告需要注重条理性，有理有据，实事求是。无论对自身的定位还是对竞品的分析，都要克服随意性，只有每一步稳扎稳打，才能让竞品分析更有价值。

3. 分阶段实施竞品分析

竞品分析根据产品阶段的不同，侧重点会有很大的不同，因此，产品团队要在不同产品阶段采取差异化的竞品分析策略。

1）产品立项前的竞品分析侧重商业与功能层面。产品立项前处于评估规划阶段，此时的竞品分析主要是为产品找准定位，说明项目的可行性，否则很有可能当你兴致勃勃地做出产品时，却发现市场上已有该行业的独角兽公司。因此，此时的竞品分析更多侧重商业与功能层面，比如，行业内现有竞争者、潜在竞争者的情况，这些竞争者采取的价格策略、渠道策略、营销策略及其产品功能的优缺点。

2）产品研发阶段的竞品分析侧重竞品监控。产品研发阶段的竞品分析，与其说是竞品分析，倒不如说是竞品监控，此时产品团队要时刻关注竞争对手的动态，为产品的开发和迭代提供方向。假如竞争对手对它们的产品设计了一个十分受欢迎的功能，但我们在产品立项前并没有加入，那就要考虑是否要把这个功能的排期提前，同时要评估新增需求与项目进度的关系。

3）产品运营阶段的竞品分析侧重运营策略。产品运营阶段的竞品分析要侧重竞品运营策略的分析及团队运营策略的创新，竞争对手都采取了哪些方法推广？它们为什么要用这些方法？我们要不要采取类似的方法？我们是否有更高效的运营策略？这些都是产品运营阶段需要考虑的。比如，外卖O2O市场饿了么、美团外卖、百度外卖的红包大战，共享单车的价格大战，这些企业都是在分析了竞争对手的运营策略之后才决定自己的运营方向。

4. 以××出境游产品为例，撰写竞品分析报告

竞品分析报告是企业了解主要竞争对手情况、找准自身定位、规划自身产品

路线的指导性文件。它可以帮助企业了解竞品的产品定位、目标用户、功能布局、价格体系、渠道模式等详细信息，帮助产品团队在对比中寻找差异、寻找机会，并且验证某些需求是否成立。××出境游产品竞品分析报告见表3-6。

表3-6　　××出境游产品竞品分析报告

文件状态： [　]草稿 [　]正在修改 [　]正式发布	当前版本	
	作者	
	完成日期	

修订历史

序号	版本	编写/修订说明	修订人	修订日期	备注
1					
2					

旅游行业一般要经历"观光游—休闲游—度假游"三个发展阶段，而发展阶段的逐步升级与国家的经济发展有着密不可分的关系。世界旅游组织研究表明，当人均国内生产总值（GDP）达到2000美元时，休闲旅游将获得快速发展；当人均GDP达到3000美元时，旅游需求呈爆发性增长，旅游形态以度假旅游为主；当人均GDP达到5000美元时，步入成熟的度假旅游经济时期，休闲需求和消费能力日益增强并出现多元化趋势（见表3-7）。

表3-7　旅游行业发展阶段与人均GDP的关系

人均GDP（美元）	旅游需求	主要旅游形态
1000	以国内旅游为主，有出境游动机	观光游
2000	出境游增长期	休闲游
3000	旅游需求呈爆发性增长，出境游出现井喷行情	度假游
5000	旅游需求呈持续爆发性增长，进入成熟的度假经济时期	度假游

国家统计局发布的《2020年国民经济和社会发展统计公报》显示，预计2020年我国的人均GDP为72 447元，按汇率折算约为10 503.5美元，说明我国旅游业已经进入成熟的度假游阶段。目前旅游产品出现机票和住宿业务增长乏力，而在线度假业务中出境游模块增长强劲，因此，某企业计划开发一款××出

境游产品。

(1) 分析目标

调研发现，目前国内市场并无独立的出境游产品，但大部分旅游 App 均上线出境游模块，产品团队选取携程旅行、途牛旅游和马蜂窝旅游的出境游模块作为分析对象，从用户角度出发，探讨出境游产品设计和用户在准备出境游和在外游玩时使用这三款 App 的用户体验，输出竞品分析报告，为新的出境游产品开发提供竞品指导。

(2) 遴选竞品[一]

从在线旅游市场份额来看，携程旅行和去哪儿网为第一梯队，占据半壁江山；飞猪旅行、途牛旅游、美团、同程艺龙、驴妈妈旅游为第二梯队，持续追赶第一梯队；马蜂窝旅游等为第三梯队，深耕垂直领域，谋求跨越式发展。

竞品选择时三个梯队各选择一个，携程旅行为在线旅游行业第一，拥有丰富的资源和经验，作为同行业其他企业的对比标杆；途牛旅游体量中等，但在出境游模块成功挑战了行业巨头携程旅行，占第一大份额，其成功原因值得深入分析；马蜂窝旅游通过"用户原创内容+大数据+自由行服务平台"三大核心优势吸引了一大批黏性用户，是新兴在线旅游网站的代表。携程旅行、途牛旅游和马蜂窝旅游主要产品信息见表3-8。

表3-8 携程旅行、途牛旅游、马蜂窝旅游主要产品信息

竞品名称	携程旅行	途牛旅游	马蜂窝旅游
版本信息	V7.15.0	V9.47.1	V8.7.0
产品定位	商旅人士机票、酒店、旅游度假订购平台	休闲度假游订购平台	自由行、度假游订购平台，旅游攻略分享平台
品牌口号	放心的服务，放心的价格	让旅游更简单，要旅游，找途牛	查旅游攻略，订酒店门票
核心功能	机票、火车票、酒店、门票订购	跟团游、自驾游、出境游订购	旅游攻略，酒店订购
产品优势	在品牌、规模、资源上占据优势	在资源直采、品牌上优势明显	在内容运营、用户黏性上占据优势

[一] 本章所选携程旅行、途牛旅游和马蜂窝旅游三款竞品版本均为作者在做竞品分析时的最新版本。

(3) 竞品用户群分布

携程旅行、途牛旅游、马蜂窝旅游三款产品的用户年龄分布高度重叠（见图3-17），绝大部分用户在40岁以下，其中30~39岁年龄段的占比最高，其次是20~29岁和40~49岁这两个年龄段。这三个年龄段的用户有经济基础并且有精力出去旅游，是在线旅游的主力用户。

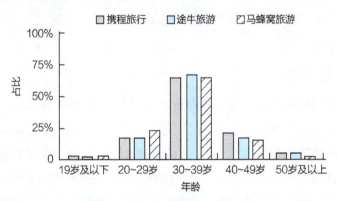

图3-17 携程旅行、途牛旅游、马蜂窝旅游用户年龄分布

(4) 竞品的产品定位

1) 携程旅行出境游模块。

①产品定位：围绕大交通+住宿的出境游产品与服务的综合预订平台。

②目标用户：中等收入及以上的白领阶层。

2) 途牛旅游出境游模块。

①产品定位：出境休闲度假全程护航的预订平台。

②目标用户：喜欢跟团游的中等收入及以上的白领阶层。

3) 马蜂窝旅游出境游模块。

①产品定位：为出境游用户提供旅游攻略及产品预订的自由行服务平台。

②目标用户：喜欢自由行的中等收入及以上的白领阶层。

这三款产品出境游模块产品定位、目标用户也高度相似，都是为中等收入及以上白领提供全方位的出境游服务。

(5) 竞品功能对比

携程旅行、途牛旅游、马蜂窝旅游三款产品的出境游模块功能已经能够涵盖用户的大部分需求（见表3-9），接下来我们将结合用户实际使用场景（即出行前、出行途中、出行后）来对比这些功能。

表3-9 携程旅行、途牛旅游、马蜂窝旅游出境游模块功能对比

功能	携程旅行	途牛旅游	马蜂窝旅游
酒店	√	√	√
机票	√	√	√
交通卡	√	√	√
景点门票	√	√	√
签证	√	√	√
攻略	√	√	√
目的地推荐	×	√	√
自由行	√	√	√
跟团游	√	√	√
定制旅行	√	√	√
主题游	√	√	×
高端游	√	×	×
当地向导	√	√	√
当地玩乐	√	√	√
目的地参团	√	√	√
比价	√	×	×
邮轮	√	√	√
WiFi	√	√	√
电话卡	√	×	√
租车	√	√	√
汇兑	√	×	×
保险	√	√	√
金融	√	√	×
游记	√	√	√
当地美食	√	√	√
特色体验	√	√	×
旅拍摄影	√	√	√
旅游社交	√	√	√

1)用户出行前。用户出行前三大核心需求是确定目的地、规划行程、购买机票、酒店及游玩产品。

①确定目的地。

用户痛点:不知道去哪,没有去过,大量的目的地信息充斥着社交网络和旅游网站,信息多且没有针对性,处于迷茫状态。

××出境游产品解决方案:a. 基于历史数据个性化推荐。依据用户的浏览历史、收藏行为、旅游历史,通过后台数据分析对比,推荐用户目的地。b. 基于出行目的个性化推荐。用户虽然不确定出行目的地,但他们知道出行目的。首先通过首页获取用户出行目的,其次通过后台数据库进行遴选,最后推荐用户目的地。

竞品解决方案:途牛旅游和马蜂窝旅游都有目的地个性化推荐功能,而携程旅行不具有(见表3-10)。从商业思维角度考虑,目的地推荐重点不在于推荐的准确性,而在于提高用户黏性,并提供给用户一个获取系统性产品的入口。

表3-10 携程旅行、途牛旅游、马蜂窝旅游出境游模块目的地确定功能对比

目的地确定功能	携程旅行	途牛旅游	马蜂窝旅游
基于历史数据个性化推荐	×	√	√
基于出行目的个性化推荐	×	√	√
目的地搜索	√	√	√

②规划行程。

用户痛点:确定目的地后,用户就会面临怎样到达目的地、到达目的地后住哪个酒店、去哪里吃饭、去哪些景点游玩等系列行程问题。

××出境游产品解决方案:a. 提供标准行程的打包产品。这种解决方案是目前行业通用的,产品提供方主要是入驻平台的旅行社,可以为用户降低成本,但存在个性化不足的缺点。b. 基于用户需求定制行程。结合用户的目的地、旅游时间,抓取用户浏览记录、旅游记录及收藏行为等信息,通过后台数据库分析比对用户喜好,自动规划行程。

竞品解决方案:携程旅行、途牛旅游、马蜂窝旅游三款产品都具备机票酒店搜索、自由行、跟团游、定制游、主题游、攻略等功能(见图3-18、表3-11),这些功能已经可以满足用户行程规划的需求。

a)携程旅行　　　　　　b)途牛旅游　　　　　　c)马蜂窝旅游

图3-18　携程旅行、途牛旅游、马蜂窝旅游用户行程规划解决方案

表3-11　携程旅行、途牛旅游、马蜂窝旅游出境游模块行程规划功能对比

行程规划功能	携程旅行	途牛旅游	马蜂窝旅游
自由行	√	√	√
跟团游	√	√	√
定制游	√	√	√
主题游	√	√	√
攻略	√	√	√

③购买机票+酒店及游玩产品。

用户痛点：同类产品众多且分散，选择难度大。

××出境游产品解决方案：a. 基于数据进行推荐。通过获取用户出游时间、人数、预算、偏好等信息，依据后台数据库比对，推荐给用户性价比最高的产品或服务。b. 基于数据进行对比。出境游平台内部提供对比或筛选功能，缩短用户选择时间。

竞品解决方案（见图3-19）：

a. 携程旅行出境游产品包括自营和第三方产品，可以在列表页面选择出发地参团、目的地参团、一日游、推荐排序、线路玩法、天数/日期、筛选（出发城市、产品类型、产品等级、服务保障、人均起价、线路特色、特色项目、途经地、供应商）等选项，可以通过各个选项的选择过滤掉大部分路线，剩下的路线需要用户自己比对选择。

　　a）携程旅行　　　　　　b）途牛旅游　　　　　　c）马蜂窝旅游

图3-19　携程旅行、途牛旅游、马蜂窝旅游用户购买机票＋酒店及游玩产品解决方案

　　b. 途牛旅游出境游产品也包括自营和第三方产品，自营旅游产品质量较高，相对人性化，可以提前选择出游天数，陈列出用户计划出行天数的产品，同时途牛旅游也有目的地参团、推荐排序、游玩线路、行程天数、全部筛选（游玩线路、出发城市、目的地、相关景点、途牛品牌、产品钻级、出游时间、单人预算、适合人群、游玩主题、产品特色、组团特色、交通类型、住宿等级、住宿类型、酒店位置、成团地点、产品品牌）等选项，途牛旅游将主要选项单独放在列表上方，可明显看到并选择，同时将精细的选择放在"全部筛选"中，它的选项最丰富，用户可根据实际情况选择其中的相应选项。

　　c. 马蜂窝旅游所呈现的都是第三方产品，无自营产品，产品数量较少，产品列表页面可以选择出发地、综合排序、线路/天数、筛选（出发日期、价格区间、产品特色、线路亮点）等选项，"筛选"的选项较少，用户无法根据自己的精确需求选择产品，其根本原因是马蜂窝旅游产品较少，在进行精确筛选后，可选项不多。

　　2）用户出行途中。用户出行途中两大核心需求是行程变更和境外购物。
　　①行程变更。

用户痛点：用户到达目的地后，由于身处异地，就会面临去哪里游玩合适、去哪家餐厅吃饭划算、如何乘坐交通工具等一系列问题。

××出境游产品解决方案：在现有平台上搭建一个涵盖吃、住、行、玩等信息的当地模块，依据用户需求定制行程，由于用户身处异地，因此行程越详细越好。

竞品解决方案（见图 3-20）：玩转当地（携程旅行）、当地玩乐（途牛旅游）、当地玩乐（马蜂窝旅游）已经在三款产品分别上线，涵盖了门票、交通、一日游、特色项目、美食等信息，基本上能满足用户当地定制化需求。

a) 携程旅行　　　　b) 途牛旅游　　　　c) 马蜂窝旅游

图 3-20　携程旅行、途牛旅游、马蜂窝旅游用户行程变更解决方案

②境外购物。

用户痛点：银联国际发布的报告显示，中国游客在境外消费占比最大的仍是购物、住宿与交通，而娱乐、餐饮及景点门票的占比也逐年增加。用户在境外购物时会面临不知道买哪些特产、哪家店物美价廉、哪家店折扣力度大、机场离境退税等候时间等问题。

××出境游产品解决方案：在现有平台上搭建一个涵盖当地特色店铺分类、店铺优惠、网上退税等功能的购物模块，具体店铺有营业时间、经营品类、优惠信息、用户评价等信息。

竞品解决方案：携程旅行和途牛旅游已经上线购物模块功能，马蜂窝旅游则没有这个功能，但三款产品都没有线上退税功能（见表3-12）。

表3-12 携程旅行、途牛旅游、马蜂窝旅游出境游模块境外购物功能对比

境外购物功能	携程旅行	途牛旅游	马蜂窝旅游
购物模块	√	√	×
特色店铺	√	√	×
购物推荐	√	√	×
优惠信息	√	×	×
线上退税	×	×	×

3）用户出行后。对于用户来说，出行后并没有特别核心的需求，但对于出境游平台或旅行社来说，游记或心得却是其核心需求，转化到用户端为旅游社交。据统计，有70%以上的用户是通过社交网络获取旅游信息的。由此可见，社交网络是旅游厂商的一大流量入口。因此，构建兼具社交网站和旅游网站属性的旅游社区，是一种有效转化流量的方式，也是各旅游网站正在探索的模式。

目前携程旅行、途牛旅游、马蜂窝旅游三款产品都已经上线自己的旅游社交模块，如携程旅行的"微领队"、途牛旅游的"发现"、马蜂窝旅游的"游记"，如图3-21所示。

a) 携程旅行　　　　　　b) 途牛旅游　　　　　　c) 马蜂窝旅游

图3-21 携程旅行、途牛旅游、马蜂窝旅游用户旅游社交解决方案

(6) 总结与建议

携程旅行作为出游类 App 的一线品牌，其功能多而全；途牛旅游起初定位是旅游产品的预定平台，后来慢慢也在拓展功能；马蜂窝旅游是为用户提供旅游攻略的自由行服务平台，目前也在拓展旅游产品预定功能。因此，这三款产品的功能会越来越相似。

××出境游产品规划建议：个性化、定制化、高效化。旅行市场需求越来越大，人们越来越倾向于个性化自由行，目前标准旅游产品已经满足不了人们日益增长的精神文化需求，提供定制旅行服务，优化并完善用户根据行程规划匹配预定产品的体验。随着人们生活节奏的加快，用户通常用碎片化时间来规划出游行程，因此产品平台能够通过后台数据库过滤出关键信息，直接给用户推荐最优产品。

3.1.5 产品机会评估表

产品机会评估就是判断评估产品的可行性和发展潜力，只有经过评估考验的产品才能真正进入产品实施阶段，否则它仅仅是一个不成熟的构想而被扼杀在摇篮中。

评估产品机会是实施产品规划的重要一步，产品团队可以尝试依次回答产品机会评估表（见表 3-13）中的四大项 16 个问题，进一步梳理、验证产品机会，并根据答案得出评估结论。

表 3-13 产品机会评估表

序号	评估项目	评估问题	答案
1	产品价值	产品目标用户群是谁？	
2		产品解决什么需求？	
3		待解决需求是刚需还是非刚需？	
4		待解决需求是高频需求还是低频需求？	
5	市场规模	目标市场规模（潜在用户数）有多大？	
6		目标市场消费能力如何？	
7		行业发展趋势如何？	
8		市场配套设施是否完善？	

(续)

序号	评估项目	评估问题	答案
9	竞争优势	行业排名前三位的竞品现有优势如何？	
10		潜在（跨界）竞品的威胁有多大？	
11		产品核心竞争优势是什么？	
12		行业壁垒有多高？	
13	收益指标	现有资源（供应链、研发等）是否支撑产品落地？	
14		产品成本优势有多大？	
15		产品销售优势有多强？	
16		产品毛利能否达到企业要求？	

 讨论与思考

便利店作为我们生活中高频接触的一种购物体验，它的兴起缘于超市的大型化与郊外化。回顾便利店的发展：如果一对夫妇租一个商铺卖一些零售商品，这个可以理解为便利店 1.0 模式，它主要用于满足消费者对商品的基本需求，便利店 1.0 模式是我国现阶段的主要存在形式；后来，日本的 7-ELEVN（见图 3-22）等公司对便利店改造升级，加入鲜食及充值票务等服务，这可以理解为便利店 2.0 模式，它主要用于满足消费者对"商品+鲜食+服务"的基本需求。

假设要在学校周边开一家便利店，请结合本节所学知识，填写产品机会评估表，得出评估结论并说明理由。

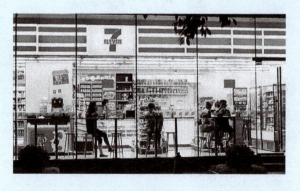

图 3-22　便利店 2.0 模式——7-ELEVEN

3.2 步骤二：明确产品定位

> 产品定位是对产品满足用户需求程度的定义，是产品价值的解读，是用户对产品的"第一印象"。
>
> ——佚名

很多创业者在创业初期就想明确产品定位，其实，对于创业者来说，首先要做的是产品机会识别与评估，即寻找目标用户和目标市场、分析竞品、寻找产品机会；其次才是产品定位，即计划以什么样的产品来满足目标用户及目标市场什么样的需求。

3.2.1 产品定位"三三三"法则

案例剖析 微信会覆盖陌陌吗？

微信和陌陌这两款产品都是社交类工具，以微信目前的用户基数及发展趋势会覆盖陌陌吗？其实，这两款产品看起来很像，但在产品定位上却有非常大的差异，见表3-14。

表3-14 微信和陌陌的产品定位对比

项目	微信	陌陌
产品定位	移动通信产品	基于地理位置的交友工具
用户属性	熟人圈	陌生人
产品目标	平台型产品,移动互联网最大的入口	交友产品,兴趣群组

微信的核心功能是移动通信，并在移动通信上做了很多创新：聊天方式分为一对一聊天和群聊；聊天内容也多样化，可

以是文字、图片、语音、视频，还可以发送位置、名片和其他数据包。后期微信在保持移动通信为核心功能的基础上，拓展了应用、娱乐、电商等功能。

微信是基于熟人圈以移动通信为核心的平台化产品，而陌陌是基于陌生人以地理位置为核心的交友工具。因为产品定位的差异以及这两款产品的发展方向和目标各不相同，各自有独特的价值，所以微信不会覆盖陌陌。

 知识探究

产品定位需要对用户需求、目标市场、产品价值有比较深刻的思考和清晰的认识，初创团队在开发新产品时，可以遵循产品定位"三三三"法则，即"产品价值、目标用户、产品用途"产品定位三要素，"适用性、竞争性、标志性"产品定位三原则，"单品爆款、小众产品大众化、大众产品品质化"产品定位三技巧。

1. 产品定位三要素

产品定位三要素包括"产品价值、目标用户、产品用途"，即解决"做什么、做给谁、做啥样"的问题。

（1）产品价值

产品价值解释产品"做什么"的问题，是对产品综合性、概括性的描述，即让用户知道这个产品对用户的价值，也就是它能帮助用户解决什么样的需求。好的产品描述只需要一句话，不要长篇大论，更不能像产品说明书一样介绍产品。比如抖音的产品价值"记录美好生活"，知乎的产品价值"有问题，就会有答案"。

（2）目标用户

目标用户解释产品"做给谁"的问题，是对确定目标用户的描述，即明确说明这个产品给什么样的用户服务。确定目标用户可以有两种方式：①主观设定，即根据产品设计者的想法直接确定产品为某类用户群提供服务，主观确定服务的目标用户，从而根据所服务目标用户的特征与需求确定产品定位；②客观设定,即初创团队有初步产品想法后,通过用户调研分析哪类用户群对这个产品的需求最强烈和敏感,通过需求的强度确定目标用户群。

(3) 产品用途

产品用途解释产品"做啥样"的问题,是对产品发展目标的描述。要想确定产品目标,首先要找到参照物,也就是产品的"假想敌",参照物很重要,可以避免产品发展的大方向出错;其次,产品发展目标的设定周期要短,不要做三年规划或五年规划,特别是互联网产品迭代更新快,最多制订季度发展计划。

2. 产品定位三原则

产品定位三原则包括"适用性、竞争性、标志性",为产品定位限定基本规则。

(1) 适应性原则

适用性原则是指产品定位要与现状匹配。一方面,产品定位要满足用户的需求;另一方面,产品定位要适应企业自身的人、财、物等资源配置的条件,以保证产品的落地。

(2) 竞争性原则

竞争性原则是指产品定位要考虑竞品情况,任何一个行业都存在大量竞争对手,包括直接竞争对手、潜在进入者、替代品等,因此,产品定位一定要结合竞品现状,包括竞争对手的数量、实力、在目标市场中的地位等,避免定位雷同,以降低风险。

特别是对于大牌笼罩下的初创品牌,需要从竞争对手的劣势入手,避免用鸡蛋碰石头,比如脉动在做产品定位时,避开了可口可乐、百事可乐、娃哈哈等强势饮料品牌,选择定位运动功能饮料,并一举成为运动功能饮料这一垂直领域的领军品牌。

(3) 标志性原则

标志性原则是指产品定位要有一个产品核心功能,提升产品辨识度。任何类型的产品,其功能都不是单一的,比如饮料,不同品牌的产品或同一品牌不同类型的产品,其功能都有一定的差异,如抗疲劳、助消化、补水、预防上火等。比如王老吉用一句"怕上火,就喝王老吉"的广告语让品牌深入人心,它的成功当然不在于一句广告语，而在于"预防上火"的产品定位，打造出新的产品品类。

3. 产品定位三技巧

产品定位三技巧包括"单品爆款、小众产品大众化、大众产品品质化"，为产品定位提供指导。

（1）单品爆款

随着苹果、小米单品爆款策略的成功，越来越多的企业开始反思产品系列布局问题，有时做100个"还可以"的产品，不如做一款极致好产品，为什么会这样？一方面，在产品供需关系倒转及消费升级的趋势下，用户越来越挑剔，对产品的品质要求越来越高；另一方面，由于企业资源的限制及品牌运营的需要，特别是初创企业，很难做到一次性开发十个产品，一个个去试，市场反应好的就留下，不好的就砍掉。因此，把资源聚焦到一款产品上是企业目前较具性价比的做法。

（2）小众产品大众化

小众是指只被少数人接受的事情和爱好，比如收藏最新款篮球鞋。这部分用户群体基数小，接受非主流文化。小众产品是指针对小众用户或伪需求开发的产品，或新生的并未全方位打开市场的初创品牌。小众产品要想长久发展，大众化是其必然要面临的选择。

那么，如何做到小众产品大众化呢？针对小众用户开发的产品，企业要及时调整产品定位，重新调整产品功能，拓展目标用户群；针对伪需求开发的产品，企业要尽快回归核心需求，重新思考目标用户的真实需求；针对新生的并未全方位打开市场的初创品牌，企业要降低尝鲜门槛，用性价比拓展用户数量。

（3）大众产品品质化

在过去物质匮乏的年代，人们的消费习惯是买到满足功能性需求的产品就可以，比如热水壶能烧开水、电饭煲能煮熟饭就可以，人们对产品的品质没有更高的要求。而现在，我们已经进入了物质丰富且过剩的时代，人们对产品品质的追求越来越高。

大众产品的用户群体广、用户基数大，具有普适性，符合大众的审美。我们做大众产品时就需要在用户需求的理解上比别人更深，在功能上比别人更易用，这样才能够做到大众产品品质化。

另外，需要注意的是，高品质产品并不等于奢侈品。奢侈品是为金字塔塔尖人群打造的，产品强调稀缺元素、纯手工制作、定制化，具备产品属性的同时，更体现用户的身份、阶层；高品质产品是为注重品质的普通用户打造的，产品注重规模化生产，只具备产品属性。

3.2.2 定位产品功能

 产品功能越多越好吗？

用户 A 说："每次开电视，都要好几个遥控器。开电视机的是一个，开机顶盒的是另一个，再加上输入的信号源切换，从 HDMI1 一直切换到 HDMI3，一般人还真打不开电视……"

用户 B 说："我家的电视遥控器，上边大部分按钮几乎用不到，但又有几个按钮已经被指纹磨得非常光滑。"某厂商的家用电视遥控器如图 3-23 所示。

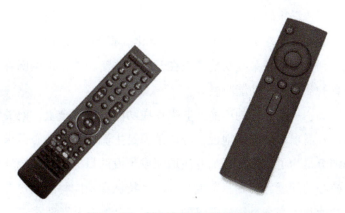

图 3-23　某厂商的家用电视遥控器

用户 C 说："我开车时也就听听音乐、听听广播，但我家汽车中控台的按钮多的令人抓狂。"某汽车厂商中控台设计如图 3-24 所示。

图3-24 某汽车厂商中控台设计

传统观念认为，一个产品的功能越多，产品用途就越广，实用性就越强。然而，事实真的是这样吗？相信上述用户的吐槽已经给出了答案，产品功能并不是越多越好，正如"汽车大王"亨利·福特在《超级产品的本质》一书中说道："去掉产品多余的部分，通过简化必需的部分，我们便也同时降低了生产成本，这一逻辑再简单不过，但奇怪的是，通常的做法却是本末倒置，先千方百计降低生产成本，而非先简化产品。"

 知识探究

从用户需求转化到产品功能的过程中存在一个黑箱子，用相同的方式满足相同用户的相同需求就会导致产品同质化。很多企业在定位产品功能时喜欢做加法，看到竞品具备某些功能或正在开发某些新功能，也囫囵吞枣地照搬过来，但用户真的需要这个功能吗？

其实，一个好用的产品并非表现在功能的广而全上，而关键在于是否满足用户的核心需求，更准确地说，应该是满足主流用户的核心需求。细心打磨产品设计的细节是为了让用户更加专注地完成预设的目标，让每个环节的设计者更专注解决核心的问题，否则复杂混乱的产品特性和功能将给用户带来困惑。

功能是用来满足用户需求的，本书在"2.2.2 管理需求"中，按照KANO模型将需求分为无差异需求、基础需求、期望需求、兴奋需求、反向需求五部分。同样，我们可以依据用户满意度将产品功能分为必备型功能、期望型功能、兴奋型功能三类（见图3-25）。这三类功能该如何取舍呢？

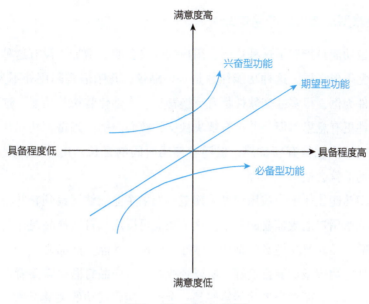

图 3-25 KANO 模型

1. 必备型功能奠定产品基础

必备型功能是指有了这种功能，用户并不会对这个产品产生多少好感，但是没有这种功能，用户满意度会直线下降。这种功能通常是产品的基础功能，比如一个社交产品中的添加好友、留言、分享等功能，这些都是用户社交互动中的标配。

必备型功能是用户使用这个产品的根本原因，也是常被用户使用的功能，满足用户对产品的基本需求，用于奠定产品基础，通常是在版本迭代计划中最先得到开发的功能。如果产品要进入已经有竞争者占领绝对优势的市场，那么这些必备型功能必须要做到极致，才可能从竞争者手中争取到用户。

2. 期望型功能提升产品口碑

期望型功能是指有了这种功能，用户的好感会明显增加，没有这种功能，用户的不满也会增加。这种功能往往对应的是用户的核心需求，比如社交软件中查找人的功能，其中，查找附近的人的功能，按照性别、年龄等对用户进行筛选的功能，以及查看用户头像大图的功能等，就属于期望型功能。

对于期望型功能，用户期望被更好地满足需求。这种功能如果做得足够好，能够给产品带来口碑以及良好的用户反馈，能够借助用户进行产品传播，提升产品口碑。

3. 兴奋型功能打造产品差异点

兴奋型功能是指有了这种功能，用户的好感会明显增加，没有这种功能，用户也不会觉得怎么样。这种功能往往是一些酷炫、花哨但实际用处不大的功能。以社交软件为例，很多社交软件都有更换背景、个性化装扮等功能，这些功能是让这个软件更有意思，但是并没有解决社交的核心问题。兴奋型功能往往是在功能刚推出时用户觉得有新鲜感，但随着使用时间的延长，用户兴奋度会慢慢降低，功能逐渐就会被用户放弃。

兴奋型功能往往不会被用户过分期望，如果企业能够洞察到它并将它挖掘出来，则可能给用户造成惊喜的效果。这个功能可以用来打造产品差异点。

强刚需产品需要先把必备型功能做好、做透，才能让产品立足于市场，而不是注重怎样把期望型功能打造好，所以企业在进行产品打磨时就要着重考虑怎样设计传播的属性。而兴奋型功能恰好是一个产品能否成功的关键因素。

3.2.3 定位产品价格

案例剖析 互联网"价格乱象"：峰时溢价、千人千价与大数据杀熟

2016年的某天，北京下了一场大暴雨，地面积水造成很多上班族出行困难。当大家打开打车软件时，发现很多打车订单提价了近4倍。此事在当时引发广泛争议，网友戏称"打劫式"溢价。

2019年5月8日，欧洲冠军联赛中利物浦以4:3的总比分逆转巴萨晋级决赛。而《每日邮报》报道，在利物浦晋级决赛之后，从利物浦到决赛地马德里的机票价格也突然出现暴涨，5月31日（决赛时间为6月1日）机票的变化情况为：比赛结束后，机票很快就涨到了617.17英镑，10min后，这个价格已经变成了750.49英镑，如图3-26所示。

近期，一位网友爆料"中午下班时间，根据同事提供的预订单截图下单商品，我作为会员，配送费反而高，致电客服也无法提供合理解释"，外卖越点越贵，省钱都靠运气，网友戏

称"最懂你的人伤你最深"。

为什么会出现上述"价格乱象",企业应该如何为产品定价呢?

图 3-26　航班价格实时变动

 知识探究

价格是竞争的重要手段,产品定价是市场营销组合中一个关键的组成部分。价格定得过高,可能会使企业失去很多潜在用户;价格定得过低,虽然能使企业获得大量用户,但是基本的盈亏平衡难以保证,而且可能在行业内掀起一场价格大战。因此,定位产品价格是一个比较困难的工作,稍有不慎,满盘皆输。

产品定价的核心在于建立一套合理的价格体系,实现产品在用户心中的消费价值,并以此达到产品利润最大化。目前,行业内常用的定价策略有成本导向定价法、竞争导向定价法、需求导向定价法及歧视定价法。企业在定位产品价格时会基于上述几种定价方法及产品在用户心中的消费价值,制定一套合理的价格体系。

1. 成本导向定价法

成本导向定价法是以产品单位成本为基本依据,再加上预期利润来确定价格的方法,是中外企业最常用、最基本的定价方法。成本是企业生产经营过程中所发生的实际耗费,客观上要求通过商品的销售而得到补偿,并且要获得大于其支出的收入,超出的部分表现为企业利润。

成本包括物料清单(Bill of Materials,BOM)及场地、人工、广告等运营成本。大部分硬件厂商定价时首先会考虑 BOM 定价，比如 2015 年在乐视超级手机发布会上，现场公布了乐视超级手机 1 和乐视超级手机 1 Pro 的量产 BOM 成本，并基于 BOM 成本定价，给整个手机行业带来巨大冲击。

2. 竞争导向定价法

竞争导向定价法是基于同行业竞品价格定位产品价格的方法。IdeaPad Y480N-IFI 竞品分析对比见表 3-15。当一个产品的标准化程度越高，其通用性就会越强，可替代性也会越高，供给量越来越大，对于这种品类来说，产品的价格已经比较透明了，它能被消费者接受的价格范围比较聚焦固定，这时要想保证自己的产品具有市场竞争力，那么基于竞品的定价策略就显得尤为重要，价格很有可能决定自己的产品能否在众多竞争对手中脱颖而出。

表 3-15　IdeaPad Y480N-IFI 竞品分析对比

品牌型号	IdeaPad Y480N-IFI	戴尔 Ins14TR-1728	华硕 A45EI 361VD-SL	宏碁 V3-471G-73614G75Makk
处理器	i5-3210M	i7-3612QM	i7-3610QM	i7-3610QM
内存	4GB	8GB	4GB	4GB
屏幕尺寸/分辨率	14.0in[①]/1366×768	14.0in[①]/1366×768	14.0in[①]/1366×768	14.0in[①]/1366×768
显卡	NVIDIA GeForce GT 650M	NVIDIA GeForce GT 640M	NVIDIA GeForce GT 610M	NVIDIA GeForce GT 640M
接口	1×USB 2.0；1×USB 3.0；xmicro HDMI；Mini D-sub 15-pin	2×USB 2.0；麦克风、耳机插孔；Thunderbolt 端口	2×USB 2.0；1×USB 3.0；麦克风、1个耳机接口；VGA、HDMI	2×USB 2.0；1×USB 3.0；麦克风接口、耳机接口；VGA、HDMI
硬盘	1TB 硬盘	1TB 硬盘	750GB 硬盘	750GB 硬盘
尺寸/W（mm）×D（mm）×H（mm）	345×239×(20~32)	343×245×(30~32)	348×242×(29~33)	342×245×(27.2~33.4)
质量/kg	约 2.2	约 2.2	约 2.44	约 2.3
电池规格	6 芯锂聚合物电池	6 芯锂聚合物电池	6 芯锂离子电池	6 芯锂离子电池
价格/元	6499	6999	6499	6399

① 1in=2.54cm。

对于企业来说，采用竞争导向定价法除了定价思路简单外，还有就是风险小。竞争对手的价格策略已经在市场上经过了一段时间的考验，这意味着目前市场接受了这样的价格策略，那么企业在定价策略上失败的风险就大大降低了。

3. 需求导向定价法

需求导向定价法是以用户需求为中心的定价方法，根据用户对产品的需求强度和对产品价值的认识程度来制定产品价格。它不是根据产品成本，也不是单纯考虑竞争状况的定价，而是根据国内外市场需求强度和用户对产品价值的理解来制定产品销售价格。

因为最终为产品买单的是用户，用户对产品的价格有决定性作用。因此，我们需要洞察用户对价格的期望水平，此时需要考虑两个重要的问题，即用户价格承受上限和用户价格承受下限，我们可以通过价格敏感度测试来获得答案。

价格敏感度测试（Price Sensitivity Meter，PSM）是研究用户期望价格的重要方法。PSM 衡量用户对不同价格的满意程度及接受程度，其特点是只考虑价格和质量的权衡，所有价格测试过程完全基于被访者的自然反应，不涉及竞争对手的对比。通过 PSM 模型，不仅可以得出最优价格，还可以得出合理的价格区间。

PSM 模型应用时只需询问被访者四个问题，从而得到四个价格，但前提是被访者是目标用户，且在测试前需要让被访者充分理解产品的概念或定位，并给出一个价格梯度表，其价格范围尽可能涵盖所有可能的价格点，一般而言，最低价格和最高价格往往要求低于或高出可能的市场价格三倍以上。PSM 模型被访者测试用例见表 3-16。

表 3-16 PSM 模型被访者测试用例

属性	测试用例
最低价格（太便宜）	您认为什么样的价格太便宜，以至于怀疑其质量较差而不会购买
较低价格（经济实惠）	您认为什么样的价格比较便宜，感觉物有所值，会去购买
较高价格（有点贵）	您认为什么样的价格较高，但仍可接受，会去购买
最高价格（太贵了）	您认为什么样的价格太高，以至于不能接受，肯定会放弃购买

以一盒现切的水果拼盘为例,定价多少最合适呢?市场容忍度是多少呢?我们使用 PSM 模型来寻找答案。首先,我们需要做用户调查,问卷结构见表3-17。

表3-17 水果拼盘价格调查问卷

价格	太便宜	经济实惠	有点贵	太贵了
1~2元				
3~4元				
5~7元				
8~10元				

首先通过被访者对每一档价格进行四个选项的评价,我们得到了各类价格区间"太便宜""经济实惠""有点贵""太贵了"的频率值。其次对每个选项进行累计求和,比如:"太便宜""经济实惠"这两列是从下往上累计求和。为什么是从下往上累计求和呢?因为如果被访者觉得8~10元比较便宜,那么当然也会觉得1~2元便宜。同理,如果被访者觉得1~2元贵,那么肯定也会觉得8~10元贵,所以"有点贵""太贵了"这两列是从上往下累积求和。详细数据统计见表3-18。

表3-18 水果拼盘价格调查问卷统计

价格	太便宜	累计求和	累计百分比	经济实惠	累计求和	累计百分比
1~2元	10	26	100%	3	20	100%
3~4元	8	16	62%	4	17	85%
5~7元	6	8	31%	7	13	65%
8~10元	2	2	8%	6	6	30%

价格	有点贵	累计求和	累计百分比	太贵了	累计求和	累计百分比
1~2元	0	0	0	0	0	0
3~4元	0	0	0	0	0	0
5~7元	6	6	40%	5	5	16%
8~10元	9	15	100%	26	31	100%

按照统计结果,绘制水果拼盘 PSM 模型图(见图3-27),这四条累计百分比的价格曲线会交叉在一起,A 点为"太便宜"和"有点贵"曲线交叉点,B 点为

"太便宜"和"太贵了"曲线交叉点，C 点为"经济实惠"和"太贵了"曲线交叉点，D 点为"经济实惠"和"有点贵"曲线交叉点。其中，"太便宜"和"有点贵"曲线交叉点（A 点）为价格区间的下限，"经济实惠"和"太贵了"曲线交叉点（C 点）为价格区间的上限；"太便宜"和"太贵了"曲线交叉点（B 点）为最优价格，"经济实惠"和"有点贵"曲线交叉点（D 点）为次优价格。

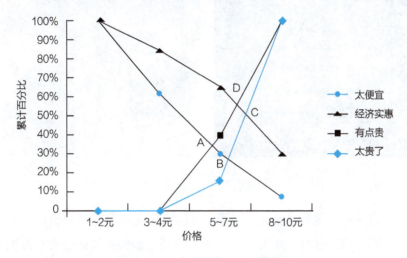

图 3-27　水果拼盘 PSM 模型图

对于一盒现切的水果拼盘来说，用户可接受的价格范围如下：

1）A、C 两点之间的价格是用户可接受的价格。定价低于 A 点，用户会认为太便宜而怀疑质量问题；定价高于 C 点，用户会觉得太贵而放弃购买。

2）最优价格为 B 点，用户觉得价格太高的比例和价格太低的比例相等。

3）次优价格为 D 点，用户觉得价格既不会太贵也不会太便宜。

通过这样的计算后，我们将得到最优价格，并且可以在合理的价格区间内不断调试。

以上为三种常规的定价方法，那么如此定价就可以把产品卖好吗？显然不是！产品定价的最高境界是基于上述三种定价方法及产品在用户心中的消费价值制定一套合理的价格，并以此达到产品利润最大化。

4. 歧视定价法

同一打车平台，上下班高峰期较平时价格要高；同一部电影，首映票价可能上百元，快下线时可能是十几元；特定日期在麦当劳购买甜品饮料时，第二份半价……价格差异这么大,我们还欣然接受,这是为什么呢?这就是歧视定价法的力量。图3-28为歧视定价法在电影票及麦当劳中的应用。

图3-28　歧视定价法在电影票及麦当劳中的应用

歧视定价法通常是指企业为了获取超额利润,在向不同用户提供相同等级、相同质量的商品或服务时,在用户之间实行不同的销售价格或收费标准的方法。采用歧视定价法的企业在定位产品价格时,会充分依照用户的消费价值层次来制定,简单来说,就是把有支付能力的用户找出来,对不同用户群制定不同的价格策略,让各个消费层次的用户尽可能愿意购买产品。

企业拆分出的用户消费价值层次越多,定价层次就越丰富,进而能够获取更多的利润。比如,一部电影在用户心中存在以下三层消费价值:

1)成本价值。它是指电影院的运营成本加上固定利润。

2)先发价值。对于电影爱好者以及这部影片内容和阵容的粉丝来说,在上映的第一时间观看,价值非常高;而对于普通观影者来说,这部分价值是不存在的。

3)低价价值。对于部分价格敏感的用户来说,用低于别人的价格购买到产品是一种成就感。

如果我们按照成本价值平均分配电影票价,很容易产生"想看的人在上映前几场买票入场之后,剩下的上座率就看运气"的情形,那么电影院也只能赚回用户心中这部电影的第一层消费价值。而如果电影院针对不同时段、不同日期、不同影片、不同影厅、不同购买方式的用户收取高低不同的费用,那么除了成本价值,在先发价值阶段,会有大量电影爱好者和粉丝乐于多花钱进场,以获得先发优势和谈资,也许几场过后,电影院就已经收回成本了,然而影厅并不会空下来，因为有一部分用户在等着这部电影的低价价值。

麦当劳"第二份半价"的定价策略，则是利用了另一种用户消费价值。当我们得知麦当劳饮料第二份半价时，通常会拉着朋友一起去买，这样我们就相当于以七五折的折扣购买到了饮料。像麦当劳这样体量的餐饮品牌，更大的支出成本是店面、人工等，同样的店员工作时长，多销售出产品即为赚，而且多一个用户意味着除了饮料之外，其他没有折扣的小吃通常也会多点一份。

然而，并不是所有产品都适用于歧视定价法。如果某产品需要用价格塑造用户可感知的价值，那么该产品就不适合使用歧视定价法，如奢侈品、iPhone 手机、高端汽车等注重品牌价值的产品，奢侈品的品牌价值高于一切，一旦品牌价值崩塌，则最大化利润就不存在了。如果某产品确实需要用价格塑造用户可感知的价值，而同时该产品又具有时效性，那么在该产品更新换代时进行歧视定价，如 iPhone 手机，每当新款推出时，老款会降价。

讨论与思考

以微信为例，依据自己的使用体验及微信产品功能结构（见图 3-29），对其必备型功能、期望型功能、兴奋型功能进行分类并说明理由。

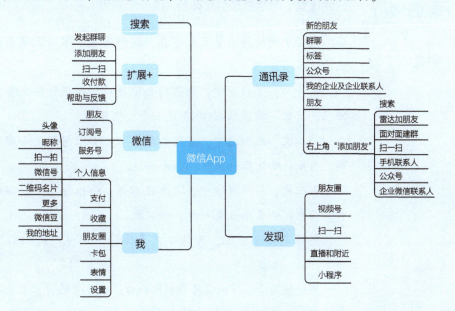

图 3-29 微信产品功能结构

3.3　步骤三：基于场景设计产品

> 使用场景决定产品设计，产品价值只会在真实使用场景中体现。
> ——佚名

众所周知，产品设计要以用户需求为中心，而用户场景正是用户解决需求的过程。场景是需求的灵魂，是真实的以用户为中心的细节体验。对于产品团队来说，场景能够形成用户故事，只有基于场景的产品设计才能更好地满足用户需求，体现产品价值。

3.3.1　场景消费模型

案例剖析　三种场景下的哈密瓜购买体验

生活中的场景消费无处不在，我们来看小张三次购买哈密瓜的过程。

第一次，下班途中，小张刚出地铁口，想顺便买个哈密瓜回家。店家：哈密瓜一律15元一个，任意挑。

第二次，逛街途中，在某购物中心，小张想买块哈密瓜解渴。店家：哈密瓜切成块，两元一块。

第三次，买水果途中，在水果市场，小张想买个哈密瓜回家。店家：哈密瓜五元一斤，任意挑。

同样是买哈密瓜，为什么消费体验不同呢？我们来分析一下：

第一种场景，下班高峰期的地铁口，人流量较大，且人们赶着回家，如果按斤来卖，则会导致服务一个用户的时间太长（挑、称、收钱、找零），店家由于服务不过来而流失用户；定价

15元一个，只要用户觉得划算，挑一个给钱就行了，而且此时人们赶着回家，价格相对不太敏感，额外的服务也不需要。

第二种场景，大家在购物中心逛了很久，口干舌燥，此时切好、洗好的哈密瓜才是他们需要的，定价两元一块，用户也可以接受，主要是方便。相信没有人在逛街时会去买一个完整的哈密瓜，再去买一把小刀，然后在街边削削吃吧。

第三种场景，在水果市场买哈密瓜，一般用户都是专程过来多买一些回家里慢慢吃的，此时，价格、质量成为关键因素，要想获得长期用户，店家按斤卖最合理。

因此，同样是买哈密瓜，不同的消费场景会有不同的消费体验。

 知识探究

生活中，场景就像戏剧、电影中的场面，泛指情景。在戏剧或电影中，场景由人物、时空、事件（行为）、环境（社会环境和自然环境）等要素构成。具体到产品领域，这明显不合适，知名产品人梁宁对场景的定义为：场景＝场＋景。

1）场。场是空间和时间的概念，即场＝用户＋时间＋空间。用户可以停留在某个空间去消费。如果用户不能停留在某个空间去消费，则场就不存在。

2）景。景是情景和互动的概念，就是用户在某个时间停留在某个空间，通过情景和互动触发用户情绪，并裹挟用户意见。

消费的实质是场景消费，在不同的场景下，发生的消费其实是完全不一样的。场景消费实际上就是用户在某个时间停留在某个空间，通过情景和互动触发用户情绪，购买相关产品。我们可以从中提取一个场景消费模型（见图3-30），该模型包括用户、时间、空间、情景互动四个核心要素。

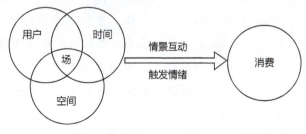

图3-30 场景消费模型

3.3.2 产品场景化设计流程

案例剖析 同一个用户在不同地点看到的信息不同

北京市民小张,作为大众点评 App 的忠实用户,在一次杭州出差时发现了一个非常有意思的现象:当他打开大众点评 App,准备找一家吃午饭的地方时,大众点评 App 首页界面竟然发生了变化,如图 3-31 所示。为什么会这样呢?

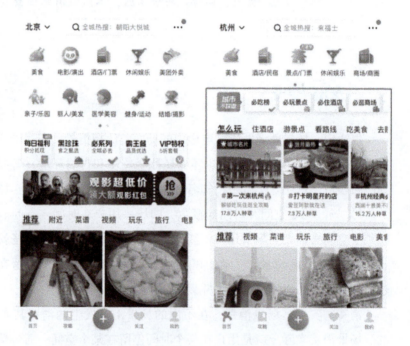

图 3-31 不同地点下的大众点评 App 首页界面

实际上,这是大众点评 App 这款产品依据用户使用场景的变化做的特殊设计。当小张从常住地北京到非常住地杭州时,大众点评 App 根据他的上个场景与当前场景预测他可能处于旅游状态,从而预测他下一步的目标是在杭州"吃喝玩乐",所以首页和攻略页的内容都发生了变化,变成为用户推荐旅行地的"吃喝玩乐"。

知识探究

产品设计的本源是让用户更容易、更愉快地使用产品。产品场景化设计就是基于当前的用户使用场景进行产品分析，以解决用户需求为导向，结合前后场景预判用户目标，通过设计提高用户效率、解决用户需求，让产品更加符合用户当前使用场景。

在基于场景设计产品时，产品团队应该遵循以下流程：

（1）穷尽场景，流程再现

因与用户空间相隔，我们无法完全感知用户在真实场景中使用产品的具体情况，但我们可以站在用户的角度去体验一遍完整的流程。如果我是用户，那么我会怎么做？我会需要哪些帮助？下面以用户飞机旅行为例，穷尽乘坐飞机涉及的关键场景：

第一步：用户在某订机票的 App 上选择购买机票，航班多、价格区别较大，想找一个时间、价格都不错的航班，查找起来比较麻烦。

第二步：赶往机场的路上，遇到早高峰，内心焦虑烦躁，担心误机。

第三步：安检流程复杂，又检测出不符合登机规定的物品，让人心烦，手忙脚乱。

第四步：本次航班候机区域，人多嘈杂，而且没有座位，到其他区域坐下候机，担心错过航班，需要时刻关注航班信息。

第五步：检票开始，工作人员站在入口处开始检票。

第六步：检完票，因为远机位，背着沉重行李乘坐摆渡车，摆渡车上嘈杂、拥挤。

第七步：下摆渡车后，拿出登机牌，背着行李排队检票登机。

第八步：登机后，寻找自己的座位，将沉重的行李艰难地放到置物架上，系好安全带，等待飞机起飞。

第九步：飞行过程中，百无聊赖，没有提前带一本书或下载一部电影打发时间。

第十步：到达目的地，找了好久才找到行李转盘，没想到目的地天气很冷，但没带厚衣服。

通过对关键场景的详细描述，我们可以将用户场景像过电影一样在眼前逐一呈现，有利于我们发现很多想不到或者通过调研得不到的细节，帮助我们发现用户真正的痛点与需求，洞察设计机会点。

(2) 挖掘触点，寻找机会

场景消费模型四要素是用户、时间、空间、情景互动。我们在场景设计第一步中已经完成了场景切分，即确定了用户、时间、空间，接下来需要对场景进行分析，挖掘触点，寻找机会。触点为场景中某个元素与用户直接情景互动的"关键点"。机会挖掘有两个方向：①通过分析当前场景存在的痛点和需求挖掘机会；②通过对用户下一步目标的预判寻找机会。

仍以用户飞机旅行为例，第一步：用户在某订机票的 App 上选择购买机票，航班多、价格区别较大，想找一个时间、价格都不错的航班，查找起来比较麻烦。这一步用户痛点为如何快速找到性价比最高的航班，这就需要通过解决此痛点挖掘机会。另外，用户购买机票后，下一步会考虑何时乘坐哪种交通工具前往机场，这就需要通过对用户下一步目标的预判寻找机会。

(3) 设计产品方案

将机会转化为具体产品设计时，一定要遵守"高效、简单"原则，即用户能够快速、简单地使用我们的产品解决当前需求。

比如，微信"扫一扫"功能，在光线较暗的场景下，屏幕下部会自动弹出"轻触照亮"，而在光线较亮的场景下则不会出现。这就是产品设计"简单"原则的一个案例，在光线较暗的场景下，直接把手电筒功能前置到当前操作界面，方便用户操作。

(4) 设计检验

最后一步是产品方案的验证。设计方案能否帮助用户缩短操作流程？能否降低用户思考成本？能否帮助用户高效地完成任务？是否能打动用户给他们带来惊喜与温暖？此时，需要通过用户调研的方式来进一步验证，比如可用性测试等。

3.3.3 产品场景化设计典型案例

(1)格瓦拉生活 App

在去电影院看电影的整个过程中,涉及的主要场景有以下六个:线上买票、去电影院、线下取票、检票入座、观影、评论吐槽。格瓦拉生活 App 设计了一个基于场景的功能:如图 3-32 所示,当用户在格瓦拉生活购票成功后,首页会出现一个人偶小浮标,在不同场景下点击该浮标会出现不同的内容,例如线下取票场景显示取票二维码,可以快捷取票;线下取票后再点击小浮标显示电影开始时间以及座位号;观影后显示别人的评论以及吐槽入口,引导用户评论。

图3-32 格瓦拉生活 App 功能界面

(2)SoundHound——听歌识曲

听歌识曲应用 SoundHound(见图3-33)就是找准了一个场景,作为整个产品的卖点,在音乐识别领域"杀出"一条血路,SoundHound 估值已达 10 亿美元,晋升为"独角兽"企业。听音乐、搜索音乐的 App 比比皆是,但在生活中,我们可能在出租车上听到一首很棒的曲子,或在看电影时爱上一首背景音乐……并不是每一首我们想搜索的歌曲都能知道它的名字,场景来了,核心功能也就来了,找准了这样一个用户场景,于是 SoundHound 火了。

（3）微信——共享实时位置

微信中的很多功能都与场景有关，比如与好友共享地理位置这个功能（见图3-34）。典型场景：两人约好在商场或某个地方见面，总是离得很近但又找不到对方，打电话说也说不清楚，于是微信的共享实时位置功能应运而生。

图3-33　SoundHound App 主界面　　图3-34　微信共享实时位置界面

| 讨论与思考 |

某企业计划针对年轻人开发一款娱乐类 App，其中一个模块为外出吃饭，假设你是该企业产品团队中的一员，请结合本节所学知识，梳理场景，挖掘触点，寻找机会点，并基于该场景进行产品设计。

| 项目训练卡 |

产品需求文档（Product Requirement Document，PRD）是产品由"概念化"阶段进入"图纸化"阶段的一个主要文档。一般在完成产品机会识别与评估、

明确产品定位、梳理产品功能之后,产品团队开始撰写 PRD。根据不同的产品类型,PRD 包含的内容和侧重点各不相同,但核心在于完整表达产品团队对该产品功能逻辑、页面以及所有需求的有效表述,便于技术人员理解并借助 PRD 完成开发。

一份完整的 PRD 包含目录、参考资料、版本记录、使用人群描述、功能梳理图、业务流程图、需求详细描述等信息。请以××产品为例,撰写一份简约版 PRD,要求包括产品定位、目标市场、目标用户、主要竞品、主要功能、营销渠道、推广策略等信息(见表3-19)。

表3-19 PRD 训练与实践

任务明晰	以××产品为例,撰写简约版 PRD		
实施目标	结合本节所学知识,以××产品为例,撰写简约版 PRD,加强学生对产品规划方法的理解		
实施名单		团队名称	
活动道具	白纸、白板、便签贴		
活动步骤	(1)以小组为单位,选择××产品 (2)以这一产品为例,撰写简约版 PRD,文档内容包含产品定位、目标市场、目标用户、主要竞品、主要功能、营销渠道、推广策略等信息,并对上述信息进行分析说明		
过程呈现	小组讨论,形成 PPT 演示文稿,演讲分享,全班讨论		

第 4 章
如何管理产品开发

 本章知识点思维导图

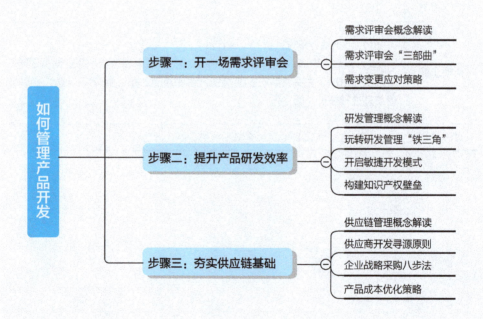

4.1 步骤一：开一场需求评审会

> 需求评审会是企业版的"多方会谈"，决定产品是否进入立项开发流程。
>
> ——佚名

需求评审会是产品进入正式开发之前非常重要的一环，其连接了前期的产品规划和后期的产品开发，因此，如何高效地开一场需求评审会，评估产品落地的可行性及开发周期，是初创团队必须要掌握的。

4.1.1 需求评审会概念解读

案例剖析 一款中途"夭折"的产品

2012年，某无人机企业准备开发一款超高清摄像无人机，目标用户为专业摄影爱好者及电影拍摄公司，市场容量大，用户需求明确，行业内目前暂无竞品，大客户调研反馈也不错，甚至有客户提前下单100台。为了尽快推出产品，该企业很快完成了产品规划并进行产品开发。

该产品的一项核心功能是超高清视频的实时传输。因为无人机远距离飞行只能靠公共网络传输，而当时的公共网络根本无法实现超高清视频的实时传输。研发团队因对该需求评估不细致，研发过程中发现问题，并启用备选技术方案——超高清视频压缩解压传输技术，但该技术存在视频损耗、延迟等问题，最终因研发团队前期缺乏对这一核心需求的评估，导致项目中途"夭折"。

知识探究

1. 什么是需求评审会？

需求评审会是团队成员对需求达成共识，并确保需求可以实现的会议。它通常由产品团队主持，各业务部门均有代表参加，特别是研发部门，产品团队通过讲解 PRD，使项目相关成员了解具体需求并提出疑问，讨论需求技术实现的可行性。

需求评审会要求项目所有成员都认为需求已经没有什么可挑剔的了，评审才能通过，所以需求评审也是一个"鸡蛋里挑骨头"的过程。产品团队在这场"辩论"过程中，需要不断有效地展示自己的观点，以便获得更多的认可，最终号召大家为实现产品目标而一起奋斗。

2. 哪些人员参加需求评审会？

需求评审会的参会人员需视项目情况而定，项目相关人员均须参加，如果仅仅是一个迭代需求，比如增加一个广告投放类型，那么可能只需前端技术人员、广告系统技术人员、测试（前端测试+广告系统测试）人员，三五人找个办公室即可完成；如果是一个中大型需求，比如收银台改版，那么涉及的与会者可能就比较多，软件工程师、测试工程师、交互设计师均需参加。通过需求评审会，让与会者清晰地了解需求是什么、需求从哪里来、对现有业务有什么影响、预期收益是什么。

3. 哪个产品阶段召开需求评审会？

需求评审会一般在初步确定产品定义、完成 PRD、项目正式立项之前召开，建议选择在项目开发启动前的一周，因为需求评审会很难一次会议就通过，就算一次性通过，会后还有很多细节需要完善补充、沟通确认，所以要尽量预留一周时间。

4. 为什么要召开需求评审会？

产品开发需要整个项目团队的共同努力，召开需求评审会具有重要意义：首先,可以让项目团队所有成员了解产品的背景、需求、目标及重要性;其次,项目团队成员可以了解自己在该项目中需要承担的责任及工作量;最后,可以对产品方案的技术实现难度及实现周期进行评估,以便后期工作的开展。

4.1.2 需求评审会"三部曲"

案例剖析 一场"讨论激烈"的需求评审会

某软件公司内部举行产品需求评审会,会议开始,为了保证让每位成员都了解产品需求,产品团队用了将近1h讲解,随后业务部门展开了激烈的讨论。

研发工程师:××功能确定要这么做?开发难度很高,周期至少需要2个月。

交互设计师:这个交互功能逻辑有问题吧?做出来体验特别差。

用户界面(UI)设计师:页面结构为什么规划的这么复杂,与当前流行的界面风格不搭。

市场经理:确定把××作为产品卖点?我觉得用户不一定喜欢,很难推广。

会议现场出现激烈争辩,参会人员一人一套说法,互找漏洞,缺乏观点的收拢,产品团队疲于应付,但又无力招架,会议从上午十点持续到下午六点,争辩依然在持续……

上述案例中,会议组织者没有提前做好会议准备,且无法控制会议节奏,参会人员都觉得自己是产品经理,产品需求备受质疑,众人均希望改需求、改功能,需求评审会讨论虽然激烈,但是无效。

知识探究

需求评审会类似于企业版的多方会谈,与产品开发相关的岗位人员均要参加,与会人员很容易进入角色后产生自主情绪,形成正反两派甚至多派,最后由讨论演变为辩论，因此，需求评审会前的充分准备、会中节奏控制、会后总结归纳工作就显得尤为重要。

1. 需求评审会前做好准备工作

（1）确定参会人员，提前预约时间

确定该款产品开发涉及的部门及人员，并通过邮件等正式渠道提前两天通知会议时间、地点，因部分参会人员手头并行多个项目，提前预约时间是为了保证每个人都预留时间参会。

（2）检查会议文档，提前发给参会人员

提前准备好PRD，会议前再次检查PRD是否还有问题，若时间允许，最好提前与研发人员进行沟通，避免PRD中有大的逻辑问题或开发无法实现的功能导致会议无法进行下去，确认后就可以把PRD发给参会人员了。

2. 需求评审会中注意控制会议节奏

（1）允许一定程度的发散

需求评审会是一场评估技术实现方案、项目开发时间节点的会议，是一场多方互动的会议，就某一问题可以适当地发散讨论，或许可以在讨论中发现以前没有想到的问题。

（2）切勿纠结方案细节

产品团队在讲解某一产品方案时，在与参会人员的交流中，很容易进入产品细节的讨论，比如，采用第三方登录的用户，是否需要设置昵称等。产品需求评审会以评估方案为主，无须具体讨论开发细节，这种不影响产品整体方案的细节不适于在需求评审会上讨论，完全可以会后单独沟通。

（3）理性对待争议，避免无效讨论

需求评审会开始前，务必明确本次会议目标，面对争议，理性对待，不宜偏题讨论。在讨论需求之前，要明确争论基点，不能无休止地讨论。

3. 需求评审会后做好总结工作

需求评审会结束后，要及时做好总结工作。首先，整理会议纪要，明确责任人及反馈排期,并及时通过正式渠道发给参会人员;其次,整理遗留问题,单独找相关人员沟通解决方案;最后,依据会议结论召开第二次需求评审会或更新PRD,启动项目开发。

4.1.3 需求变更应对策略

案例剖析 一次尴尬的就餐经历

(1) 原始需求

"服务员,给我来份宫保鸡丁!"

"好嘞!"

(2) 需求变更

大厨做了一半。

"服务员,菜里不要放肉。"

"不放肉怎么做啊?"

"不放肉就行了,其他按正常程序做不就行了,难吗?"

"好的,您稍等。"

大厨把已经回锅的肉一点点挑出来。

(3) 需求再次变更

"服务员,菜里能给我加点腐竹吗?"

"好的,您稍等。"

需求改动导致上菜延误。

"怎么这么半天还没上菜啊,再不上菜我就走了。"

"稍等,我给您催催啊!"

"很快,很快就好了……"

相信大部分企业都有类似经历:

1)客户突然有新的想法,产品开发中要求更改需求,增加产品功能。

2)产品开发到一半,市场新的竞品出现,为保持产品竞争力,增加新的需求。

3)产品团队在产品规划阶段,对某些需求和功能把握不准,产品开发到一半,要求调整产品功能。

知识探究

产品开发阶段，需求变更确实有点困难，就像已经建了一半的房子需要更改设计，不仅浪费材料，还会增加人工成本及时间成本，但为了提升产品的竞争力，有时又不得不变更需求，那么我们应该如何应对需求变更呢？

1. 科学评估需求变更对产品的影响程度

当出现待变更的需求时，产品团队要在第一时间科学评估其影响力，要基于市场、用户、竞品、技术实现能力等多个维度评估，分析其对产品价值、竞争力、开发进度的综合影响程度。当问题被抛出来时，立刻行动并不意味着立刻去改，而是立刻评估。

2. 若待变更需求迫切，则协调资源积极应对

若待变更的需求非常迫切，严重影响产品的竞争力，就需要快速协调企业资源，积极应对，争取将影响降至最低。最好通过组织一次会议或发送一封正式的电子邮件，阐述本次需求变更的缘由、迫切性，让团队成员提前做好准备。

3. 若待变更需求并非十分迫切，则做好补救措施

若待变更的需求并非十分迫切，那就需要做好补救措施。对于一般的软硬件产品，通常不会将第一个版本作为上市版本，此时可以在后续版本开发此需求，如此也能节约成本并保证工期。

 讨论与思考

某企业正在开发一款数据分析工具，它能为用户提供条件筛选、数据排序、数值计算、对比分析等功能。经过数月开发，产品已经基本完成，目前处于测试阶段。在距离产品上市前一周，产品团队发现产品设计阶段忽视了"若数据太大，则产品无法处理"的问题，产品上市时间已定，若解决此问题，需要一个月的时间。假设你是产品团队中的一员，你会怎么处理？

4.2 步骤二：提升产品研发效率

> 人们应该多提高工作效率，而不是仅仅让自己忙起来。
> ——蒂姆·菲利斯

在瞬息万变的移动互联网时代，产品崇尚"小步快跑、持续迭代"，高效敏捷的研发能力成为产品快速落地的关键，科学有效的研发管理就显得尤为重要。

4.2.1 研发管理概念解读

案例剖析 项目管理经常遇到的坎

项目背景：A 企业的老系统在运行过程中故障率较高，运维任务重，于是，企业决定开发新系统，新系统必须要按时上线，时间紧、任务重。

项目开发到一半，项目经理发现了很多问题。

1）项目成员都认为自己技术很强，都有自己的想法，在项目开发过程中一直提建议。

2）有人不按规范开发，矫正几次后厌烦了就不改。

3）新工作分配时，部分同事不接，私下沟通几次后，他们回答只负责××开发。

4）部分同事技术水平不高，培训多次，进度不理想，多次指导开发又占用太多时间。

5）部分老同事只负责老系统维护，没精力也不想分担新系统的开发工作。

6）进度已经延迟一周左右，感觉工作都派不出去。

其实，上述问题是产品研发中的常见问题，如何提高工作效率，而不是仅仅让自己忙起来，将是研发管理重点研究的问题。

知识探究

研发管理是在研发体系结构设计和各种管理理论的基础上，借助信息平台对研发过程中进行的团队建设、流程设计、绩效管理、风险管理、成本管理、进度管理、质量管理和知识产权布局等一系列协调活动。高效的研发模式包括如何调动员工积极性、如何把控项目进度、如何快速迭代产品等。

（1）团队建设

研发是一项创造性的工作，卓有成效的研发需要优秀的研发团队来完成，可以说，有什么样的研发团队就有什么样的研发成果。华为流行这样一句话：员工的成熟，铸就产品的成熟。卓越的研发团队由三个因素决定：团队中的个人、团队机制和团队文化。

（2）流程设计

研发优势的唯一可持续源泉是卓越的研发管理流程，以某项卓越设计、机遇、竞争对手的某次失策或某次幸运为基础的优势是不可能长久的，优越的研发管理流程则始终能够发现最佳的机遇，推出有竞争力的产品和服务，并以最快的速度把研发成果投入市场。

（3）绩效管理

研发团队的绩效管理能够有效激励研发团队的积极性，提高工作效率。研发团队的绩效管理过程包括绩效计划、绩效辅导、绩效评价和结果运用四个部分。绩效评价通常会围绕研发绩效管理应该考虑的企业整体战略，应用平衡计分卡等工具制定研发绩效评估系统。

（4）风险管理

研发人员可能被竞争对手挖角，对外泄密或者恶意破坏。研发信息风险是指研发信息可能被研发人员泄密或者破坏，也可能因为遭受灾难、意外事件或者别人的攻击导致风险。研发成果风险是指研发出来的产品或者服务可能是过时的或者是不受欢迎的，或者研发的投入太大引致企业经营风险，或者研发的投入大于研发产生的效益。研发风险管理则是以风险为主要的控制目标，制定一系列规章制度，有效将风险降到可接受水准以下，否则就必须增加控制措施。

(5) 成本管理

成本领先是产品在竞争中取胜的关键战略之一，成本管理是所有企业都必须面对的一个重要管理课题。企业无论采取何种改革、激励措施都代替不了强化成本管理、降低成本这一工作，它是产品成功最重要的方面之一。有效的成本管理是每个企业都必须重视的问题，抓住它就可以带动全局。

(6) 进度管理

进度管理是根据产品进度目标编制经济合理的进度计划，然后以此来检查项目计划的执行情况，一旦发现实际与计划不一致，需及时分析原因，并采取必要的措施对原进度计划进行调整和修正的过程。进度管理是一个动态、循环、复杂的工程，是为了实现最优工期，高效地完成任务。

(7) 质量管理

质量管理是对确定和达到质量所必需的全部职能和活动的管理，其中包括质量方针的制定及所有产品、过程或服务方面的质量保证和质量控制的组织、实施。

(8) 知识产权布局

知识产权作为企业的无形资产具有重要价值，知识产权布局的类型也多种多样，需要根据具体情况确定保护的策略。如果创新不便于公开，则用商业秘密进行保护；如果创新是产品发明、方法发明或外观发明，则用专利进行保护；如果创新是标识，则用商标进行保护；如果创新是一般作品或软件程序，则用著作权进行保护。

4.2.2 玩转研发管理"铁三角"

| 案例剖析 | 项目经理的苦恼

小张是一家代工企业的项目经理，最近他们公司接了一款老年手机的研发订单。作为这款手机的项目经理，他负责该项目的研发工作。

小张很快组建了项目团队，并制定了研发进度表，项目开发到一半时，客户突然提出基于市场变化要增加"SOS 求救功能"，并把产品交付时间提前两周，当他把需求传递给项目成员时，一时间，微信群满满的吐槽声。

"增加 SOS 求救功能，需要更改设计，前期工作白做了！"

"天天加班，都累病了，现在还要压缩项目周期……"

"项目按期交付都难，提前两周怎么可能？"

作为项目经理，小张现在也不知道该如何处理。公司的质量标准要求很高，不能通过降低质量标准压缩开发周期，既要求功能多、周期短又要求质量高的产品，怎么可能做出来呢？

  知识探究

项目时间、成本、范围构成决定项目质量的三要素。研发管理"铁三角"（见图 4-1）是指如何平衡时间（项目进度）、成本（产品成本）、范围（产品需求）三者的关系，以达到产品质量最佳。项目进度、产品成本、产品需求分别位于三角形的三个边，其中任何一边有变动，另外两条边也会随之变化。因此，能否通过高效的项目管理掌握三者之间的平衡关系，将直接决定产品的成败。

图 4-1 研发管理"铁三角"

玩转研发管理"铁三角"的核心思路是：在保证产品质量的前提下，针对项目进度、产品成本、产品需求三者的变化进行评估，若能通过增加工作时间、降低原材料成本等途径处理则适合内部处理，若不能通过此途径处理则需要给出专业意见，科学评估决策，以达到项目进度、产品成本、产品需求的最优解。

（1）项目进度变化

项目进度变化，一般情况下是缩短工期、提前交付。产品开发过程中出现项目进度变化也可以理解，毕竟自家产品较竞品提前上市就可获得先发优势，提升产品销量。此时，可以通过延长工作时间等途径压缩工期，但项目时间压缩要有一定的限度，超过这个限度则会间接影响产品质量，需慎重决策。

(2) 产品成本变化

产品成本预算一般在项目立项时已基本确定,若发生产品成本变化,则一般是企业缩减预算或原材料涨价等,此时需要系统考虑成本变化对产品的影响程度。同时,产品团队需要再次对产品需求进行优先级排序,必要时,集中优势资源攻克核心需求,去掉边缘需求。

(3) 产品需求变化

产品需求变化一般是基于市场变化增加新的需求,此时需要系统评估需求变化对项目的影响程度,若确实影响项目进度,则可以考虑产品分期分版本交付。另外,产品在开发过程中,产品团队也要积极介入,与研发团队实时共享需求信息,以使产品需求变化时双方都可以做出快速响应。

4.2.3 开启敏捷开发模式

案例剖析 太空探索技术公司的火星移民计划

2018年2月,太空探索技术公司(SpaceX)成功发射了"猎鹰重型"火箭(见图4-2),其后在着陆器区还成功回收了两枚助推器。

图4-2 SpaceX研发的"猎鹰重型"火箭

移民火星，让人类成为一个多星球物种——这是 2002 年埃隆·马斯克建立 SpaceX 的愿景。SpaceX 并不是一开始就制造大火箭，而是先制造一个简陋的小火箭"猎鹰 1 号"（Falcon-1）。"猎鹰 1 号"第一次发射就爆炸了，直到第四次发射才成功进入轨道。SpaceX 随后开发了中型火箭"猎鹰 9 号"（Falcon-9），九年中发射了 70 次，最后才开发了"猎鹰重型"火箭。

试想若 SpaceX 不采用迭代开发，可能就没有"猎鹰重型"火箭的成功发射。迭代开发将一个大任务分解成多次连续的开发，本质就是逐步改进。开发者先快速发布一个有效但不完美的极简版本，然后不断迭代。每一次迭代都不断改进产品，添加新功能。通过频繁的发布，以及跟踪对前一次迭代的反馈，最终接近较完善的产品形态。

 知识探究

敏捷开发是一种以用户需求为核心，采取迭代、循序渐进的途径进行软件产品开发的方式，其目的在于快速覆盖、响应市场需求。迭代、循序渐进主要是指通过版本更新，按照需求的优先级或新增需求的重要程度动态调整产品功能。敏捷开发模式通常用于软件产品，目前部分硬件产品也逐步采用该模式进行产品开发。

1. 敏捷开发模式支撑理论最小化可行产品

最小化可行产品（Minimum Viable Product，MVP）理念来源于埃里克·莱斯（Eric Ries）的《精益创业：新创企业的成长思维》一书，他提倡企业进行"验证性学习"，即先向市场推出极简的原型产品，然后在不断试验和学习中以最小的成本和有效的方式验证产品是否符合用户需求，灵活调整方向。如果产品不符合市场需求，则企业最好能"快速地失败、廉价地失败"，而不是"昂贵地失败"；如果产品被用户认可，则企业也应该不断学习，挖掘用户需求，快速迭代优化产品。

目前，MVP 理念已经被用于大部分硅谷企业的产品开发。如图 4-3 所示，传统的产品开发思路是分步骤、分流程，从车轮、外壳、动力装置逐步开发一个完整的产品。MVP 理念也是分步骤，但其要求每一步开发的产品都是最小可行的，虽然第一版滑板车和最后的汽车相去甚远，但其通过第一版验证用户对出行工具的需求后，不断迭代完善产品，最终做出小汽车，其几个版本始终围绕用户的核心需求——代步工具进行迭代。

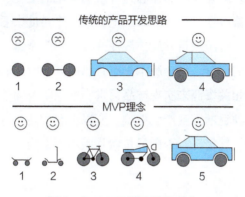

图 4-3　MVP 版本迭代理念

目前，很多初创团队的产品来源于团队成员的一个想法或灵感，虽然做过市场分析、用户调研等产品机会评估工作，但凡是带有主观意识的评估都不能保证完全正确，此时就可以采取 MVP 理念，先向市场推出极简的原型产品进行验证，如果用户反馈良好，就可以继续加大投入；如果用户反馈有问题，则可以及时调整，避免更多的精力浪费。

2. 敏捷开发模式使用指南

（1）科学配置团队成员

"微信之父"张小龙在内部演讲提到"敏捷开发"时曾表示，今天想一些与众不同的点子，然后很快就会看到效果，因为迅速把它上线了并可以去验证，如果不对就下线，如果还有改进的余地，下个星期再去改它……这是一个能够持续实现想法的过程。敏捷开发需要高效的项目团队作为支撑。首先，团队中每个成员都要认可敏捷开发模式；其次，项目成员尽量在 20 人以下，若人员太多就进行团队分割；最后，尝试引入"站立晨会"制度，提高开会效率。

（2）制订项目计划，但也要接受变化

敏捷开发并不意味着不做项目开发计划，恰恰相反，敏捷开发更加注重计划的制订，保证每一版本的顺利开发。因为敏捷开发以用户需求为核心，所以并不会固守计划不进行调整。一旦市场发生变化,即使到了开发后期,也接受需求合理变化,不断修正自己原先的计划,利用变化来为产品创造竞争优势。

(3) 版本周期内尽量不变更需求

尽管敏捷开发的目的是让产品能够适应市场需求的变化,但也并不意味着可以毫无节制地添加和修改项目任务。事实上,从这个角度来看,我们可以把每个版本迭代看作一次小的传统项目开发,敏捷开发并不是全盘否定传统项目开发模式,而是借鉴其优秀的部分。每个版本都有自己的开始时间和结束时间,也在项目刚开始时就配置了相关资源来实现产品需求,如果临时突然插入新的需求或修改需求,则多少会对项目的进度产生影响。所以,我们还是尽量在版本开始前就考虑清楚,除非遇到特殊情况,否则尽量做到版本周期内不变更需求。

4.2.4 构建知识产权壁垒

案例剖析 诺基亚手机业务真的失败了吗?

功能手机时代,诺基亚(见图4-4)称霸天下,但因其故步自封和对市场变化反应迟缓等战略失误,导致销量直线下滑,逐步退出手机市场。现在提及诺基亚,更多的是一种情怀。

事实上,被消费者逐步忘记的诺基亚并没有被手机行业忘记,恰恰相反,它是一道无法绕过的专利门槛。据悉,诺基亚凭借手中的3万项专利,每年收入可达到上千亿元,占到公司总收入的20%以上,三星、苹果等手机巨头每年都向诺基亚缴纳一定额度的专利费。

2017年,小米宣布与诺基亚达成合作,其中包括将在移动网络的标准必要专利方面实现交叉授权及小米收购部分诺基亚专利资产。

图4-4 诺基亚功能手机

2018年，诺基亚在其官网宣布，与OPPO签订专利授权协议。

2019年10月，诺基亚向欧洲电信标准化协会（ETSI）递交相关文件，声称其已经拥有2000多项5G必不可少的专利。这反映了诺基亚在5G技术开发和标准化方面的持续领先地位。

如果说过去诺基亚通过B2C的方式让消费者记住了诺基亚，那么如今通过B2B技术专利的形式，手机厂商更无法绕过诺基亚，谁能不说这是诺基亚的另一种胜利呢？

诺基亚的案例给我们的启示是，销量固然重要，但知识产权同时也不能忽视，新老品牌的不断迭代是永恒的商业规律，但如果想让别人永远记住，基于技术创新的知识产权布局则是最好的秘密武器。

 知识探究

知识产权通常是指权利人对其智力劳动所创作的成果和经营活动中的标记、信誉所依法享有的专有权利。知识产权可大致分为两类：一类是工业产权，包括专利、商标、禁止不正当竞争、商业秘密、地理标志等；另一类是著作权，涉及文学、艺术和科学作品，如小说、诗歌、戏剧、电影、音乐、歌曲、美术、摄影、雕塑以及建筑设计等。广义的著作权还包括与著作权有关的权利，如表演者对其表演的权利、录音制品制作者对其录音制品的权利以及广播电视组织者对其广播和电视节目的权利等。此外，随着知识经济的不断发展，集成电路布图设计专有权、植物新品种权、域名权等也逐渐被纳入知识产权体系中。

处于知识经济时代的大环境下，企业之间的竞争已经由产品的竞争逐渐演变为知识产权的竞争，企业所拥有的专利数量和质量逐步成为衡量一家企业竞争实力的重要标志之一。构建知识产权壁垒可以避免、控制或减少知识产权风险，充分维护企业自身合法权益，获得和保持竞争优势，并有效遏制竞争对手。然而，构建知识产权壁垒需要长期积累，不可能产生立竿见影的效果。接下来，我们以知识产权中的专利为例，讨论企业常用的四种布局策略。

（1）路障式布局

路障式布局（见图4-5）是指将实现某一技术目标之必需的一种或几种技

术解决方案申请专利，形成路障式专利的布局模式。其优点是申请与维护成本较低，但缺点是给竞争对手绕过己方所设置的障碍留下了一定的空间，竞争对手有机会通过回避设计突破障碍，而且在己方专利的启发下，竞争对手研发成本较低。

采用路障式布局的企业必须对某特定技术领域的创新状况有比较全面、准确的把握，特别是对竞争对手的创新能力有较多的了解和认识。该模式比较适合技术型企业在阻击申请策略时采用。比如，微软的一项手势解锁专利，即手机通过监测用户手指在屏幕上的移动轨迹、指纹等生物信息来确认解锁手机的是否

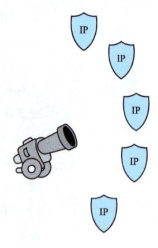

图 4-5　路障式布局

是机主本人。众所周知，安全问题一直是众多手机厂商关注的焦点，微软这一专利不但能够为己所用，并且能够为其他企业申请类似技术的专利设置一道门槛，给竞争对手回避其设计设置了很大的障碍。这就是企业专利布局中的"路障式布局"。

（2）城墙式布局

城墙式布局（见图 4-6）是指将实现某一技术目标之所有规避设计方案全部申请专利，形成城墙式系列专利的布局模式。

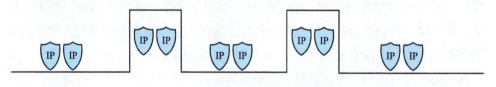

图 4-6　城墙式布局

城墙式布局模式需要大量资金以及研发人力的配合，投入成本高，但其可以抵御竞争对手侵入自己的技术领地，不给竞争对手进行规避设计和寻找替代方案的任何空间。

在很多人的印象中，富士康只是"苹果手机的代工厂"，毕竟富士康一半的营收都来自于苹果手机代工，但它却是隐形的专利技术大户。一个小小的连接器，价钱可能只有 2 美元，但富士康却不惜代价进行技术开发，在这小小的连接器上竟然获得了 8000 多项专利。富士康通过筑造稳固的专利城墙，保住了在连

接器方面的全球领先地位。

(3) 收费站式布局

收费站是指在高速公路上"设卡",为了收取车辆通行费而建设的交通设施。

采用收费站式布局(见图4-7)的企业必须对某特定技术领域的创新状况有比较全面、准确的把握,特别是对竞争对手的创新能力有较多的了解和认识,用"蛙跳策略"跳过目前的研发阶段,组织有创造力的研发人员将下一阶段可能出现的新技术以非常宽的保护范围进行覆盖,并针对这些技术抢先进行专利布局,然后向高速公路的收费站一样"设卡收费"。

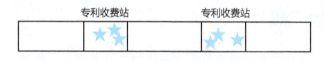

图4-7 收费站式布局

例如,第二次世界大战期间,因战争的需要而研究开发出CDMA技术,在战后却迟迟没有引入民用市场,长期以来,人们对CDMA的评价都是"它没有什么用处",然而高通公司却提前发现了CDMA在移动通信领域的发展潜力,并迅速布局了3900多项CDMA及相关技术的专利,随着CDMA技术在手机行业的应用,高通公司这家技术巨头利用自己对CDMA技术的专利权获得了利润丰厚的专利许可费。

(4) 丛林式布局

丛林式布局(见图4-8)可以分成两种情况:①基础性专利掌握在竞争对手的手中。此时可以针对该专利技术申请大量的外围专利,用多个外围专利来包围竞争对手的基础专利,就像大树周围的灌木丛一样。这样就可以有效地阻遏竞争对手的基础专利向四周拓展,从而极大地削弱竞争对手基础专利的价值。②基础专利掌握在企业手中。此时记得在自己的基础专利周围抢先布置丛林专利,把自己的基础专利严密地保护起来,不给竞争对手实施这种专利布局的机会。

例如,发现欧美厂商在日本专利局申请了一种新型自行车的专利后,日本企业就赶紧申请自行车脚踏板、车把手等众多外围小专利(包括外观设计专利等),欧美厂商想实施其新型自行车总体设计方案时,躲不开这些外围专利,只好与日本企业签订交叉许可协议。

图 4-8 丛林式布局

  讨论与思考

某软件公司接到某夫妻便利店的一个软件开发需求,能够实现科学监控"进销存"数据并能分析热卖产品等,其他详细需求客户也描述不出来。若你作为该软件公司的项目负责人,你会怎么处理以及采取什么样的产品开发模式,具体怎么做?

4.3 步骤三:夯实供应链基础

> 21世纪的竞争不再是企业和企业之间的竞争,而是供应链和供应链之间的竞争。
>
> ——英国供应链专家马丁·克里斯托夫

古语有云:"三军未动,粮草先行。"古代战争中,多数著名战役的成功正是围绕"粮草"而精心设计的。现代企业中的佼佼者如沃尔玛、戴尔、丰田等都是供应链领域的翘楚,可以说,世界上任何一家领先企业的背后都有一个坚实而卓越的供应链体系。

4.3.1 供应链管理概念解读

案例剖析 供应链管理中经常遇到的坎

"我们的产品方案没有供应商可以实现！"

"供应商报价水分太大！"

"来料不良率太高，甚至型号、规格都错了！"

"优质供应商不配合我们，一般供应商水平太差，满足不了产品需求！"

"供应商要求缩短账期，我们的资金压力突然增大！"

"供应商内部管理混乱，信息流通不畅，经常出现缺货、少货等问题！"

相信大部分企业都会遇到以上几种问题。其实，无论国内还是国外，许多企业对供应链的认识还仅仅停留在企业运作层面。某些企业的高级管理者把供应链管理简单或片面地看作采购管理、仓库管理或者物流管理；某些企业的供应链管理人员忙着降低库存却损失了客户交货的准时率，忙着降低采购价格却忽略了采购批量的控制，甚至忙着延长供应商的付款周期而破坏了与供应商的关系。这些都因为企业没有从战略层面来思考和规划供应链。

知识探究

供应链是围绕核心企业，通过对信息流、物流、资金流的控制，从采购原材料开始，到制成中间产品及最终产品，最后由销售网络把产品送到消费者手中将供应商、制造商、分销商（零售商、批发商等）直到最终用户连成一个整体的功能网链结构。

从定义上分析，供应链涉及的范畴非常广泛。首先，供应链涉及的角色有供应商、制造商、分销商、终端用户；其次，供应链是从原材料到中间产品（半成品）再到成品的一个全周期；最后，随着产品的流动，必然会涉及产品流、资金流、信息流这三大流向。

供应链管理是采用系统思维，对贯穿供应链中的产品流、资金流、信息流的集成管理，以实现客户价值最大化、供应链成本最小化，以及产品流、资金流、信息流高效运作的目标。供应链管理强调内外协调，摆脱单个公司、单个职能层面的局部优化，实现供应链领域的全局优化。

未来全球化竞争的核心之一就是供应链之争，因为任何一个企业、任何一款产品都离不开供应链的产品流、资金流、信息流，产品流从供应商流向客户，资金流则按照相反方向流动，而信息流则双向流动。那么我们应该如何从供应链角度管理产品流、资金流、信息流呢？

（1）产品流

一个产品从原材料产地开始，经过原材料供应商的进销存，转到生产厂家进行加工制造，再将成品发往经销商（因为处理方式相同，这里把零售商、批发商行为合并为经销商一并看待），最终由经销商送到终端用户手中，这就是产品流动的全过程（见图4-9）。中间的任何一个环节都会涉及物品的进销存管理。

供应链上的产品生产备料需求从最终用户向原材料供应商传递时，由于无法有效地实现信息共享，使得信息扭曲而逐渐放大，导致需求信息出现越来越大的波动，比如终端用户需要某三个商品，那么经销商必然会多备几个（比如五个），如果多几级经销商，则一定会将风险层层转嫁，最终报给生产厂家或许就变成了八个，生产厂家在采购原材料时也会考虑需求风险，会按十个的量向原材料供应商采购，如此下去，到了原材料产地可能就会准备几倍甚至几十倍的货量，岂不是造成很大浪费？因此，产品流的管理核心是降低流通过程中的成本、减少浪费、提高效率。

（2）资金流

资金流是供应链得以持续和企业得以良性运作的关键因素，其与库存息息相关。产品流是从原材料产地到终端用户的过程，而资金流是反向的：终端用户→经销商→生产厂家→原材料供应商→原材料产地，而且由于流通过程中的成本递增，所以资金流向是逐级递减的（见图4-10）。

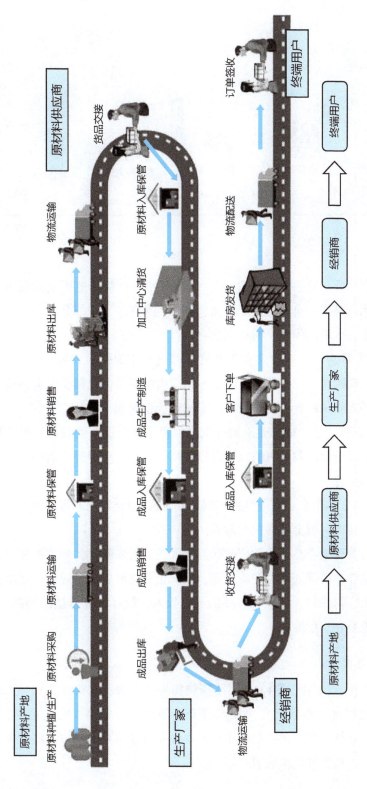

图4-9 供应链的产品流向

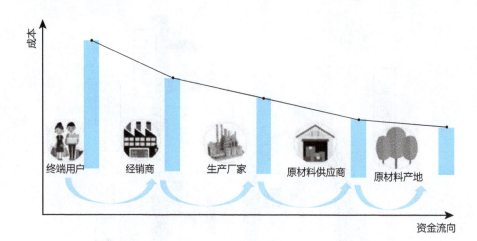

图4－10　供应链的资金流向

比如用户购买某商品花费了10元，最终落到原材料产地可能只有1元。那么，另外9元去哪了？自然是被经销商、生产厂家各拿了一部分。

提到资金，这里同步几个财务概念：

1）应收账款。它是指企业在正常的经营过程中因销售商品（产品）、提供劳务等业务应向购买单位收取的款项，包括应由购买单位或接受劳务单位负担的税金、代购买方垫付的各种运杂费等。它体现为企业收入。

2）应付账款。它是指企业采购应支付但尚未支付的采购费用、手续费和佣金等，用于核算企业因购买材料或商品以及接受劳务供应等经营活动应支付的款项。它体现为企业支出。

3）账期。它是指企业应收/应付账款的周期，即企业从取得应收账款的权利到收回款项、转换为现金所需要的时间。

资金流的管理核心是企业的应收账款要大于应付账款，各环节都要科学控制库存，只有这样才能保证良好的现金流，保证企业能够更好地运作。如果企业的应收账款小于应付账款，而没有持续的资金投入，就存在资金链断裂的可能性，这对企业来说是相当危险的。

（3）信息流

供应链的信息流（见图4－11）是围绕物品"采购（采购系统）→入库（仓储系统）→销售（订单系统）→出库（仓储系统）→运输（配送系统）"这些业务活动做的系统支撑；再搭配各个环节中涉及财务结算的地方，将数据提取至财务系统中进行核算并产生应收/应付账款。

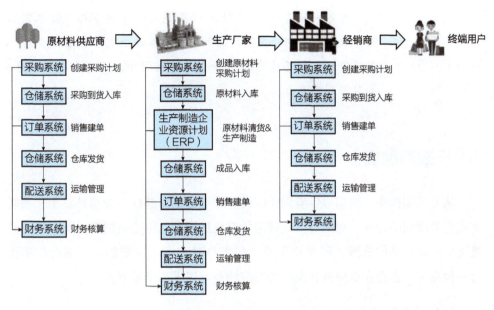

图 4-11 供应链的信息流向

信息流与产品流、资金流结伴而行,可以说是供应链的神经系统,支配产品流和资金流的运作,比如邮寄一个包裹,填写的快递单据就是为了沟通信息,包裹的流动形成产品流,快递单据的流动则形成信息流,快递单据支配着包裹的流动。对于复杂的供应链,信息的有效流动非常重要,也往往比产品流更难管理,因此信息流的管理核心是保证信息的高效流动。

4.3.2 供应商开发寻源原则

案例剖析 屏下指纹技术供货被友商"截和",OPPO如何面对?

2018年9月,OPPO和曾经的合作伙伴——屏下指纹技术供应商之间的纠纷,在网上引起热议。

在OPPO新品立项之前,公司指纹技术采购团队和国内某家屏下指纹技术供应商洽谈合作,并达成批量供货协议。然而在项目开发过程中,这家屏下指纹技术供应商迫于其他用户的压力,为了保证其他用户使用的优先性,把向OPPO之前承诺的批量供货时间推后三个月,导致OPPO项目无法开展,损失巨大。

作为补救措施，OPPO 不得不找另一家屏下指纹技术供应商开展合作，但此时国内能做此项技术的企业寥寥无几，OPPO 最终决定联合芯片商和算法公司共同研发屏下光学指纹技术，并应用到产品上。

 知识探究

从上述案例中，我们可以看到供应商开发寻源的重要性，特别是对于一些同质化竞争激烈的行业，对上游供应链的争夺更加激烈，供应商的选择有时可以直接决定一款产品的成败，因此找几家"门当户对"的供应商达成战略合作不失为一种良策。企业在供应商开发寻源时应该坚持以下四个原则：

（1）简明科学原则

企业对供应商的评价和选择应坚持科学化、透明化、制度化。首先，供应商的规模和层次应与自己企业相当，以保证合作的顺畅。其次，同类物料的供应商数量按主次维持在两至三家，以降低管理成本，提高管理效果，维持供应的稳定性。最后，采购数量不超过供应商产能的50%，否则采购风险增大。

（2）携手供应商双赢原则

企业应建立与供应商双赢的战略合作伙伴关系。双赢的原则不是博弈，一方获利一方失利，也不是利用采购杠杆，压制供应商价格，而是基于对原材料市场的充分了解和企业自身规划的双赢沟通，唯有如此，才能真正建立供应链竞争优势。

（3）供应链总拥有成本最低原则

供应链总拥有成本不仅仅是简单的来料成本，具体来说，它包括供应链产品流来料成本、仓储成本、运输成本，资金流资金占用成本、账期成本，信息流沟通成本等其他无形成本。因此，企业必须有总体成本考虑的远见，必须对整个供应链中所涉及的关键成本和其他相关的长期潜在成本进行评估。

（4）内部价值链协作原则

供应链管理的原则之一是总拥有成本最低，因此，供应链管理涉及企业内部价值链上的各个部门的利益，即产品研发、工艺、采购、生产制造、销售与服务、成本等部门。同时，企业要想实现总拥有成本最低，还需要涉及的各个部门共同协作。所以，供应链管理不仅仅是采购部门的事，企业通常会建立各种采购类别的商品小组。

4.3.3 企业战略采购八步法

|案例剖析| 一个初创企业产品元件"锂电池"的采购之路

　　一家研发儿童玩具的初创企业，针对儿童市场正在开发一款智能玩具。锂电池是该产品的必要元件。初创企业在确定了锂电池的尺寸、电池容量等参数后，开启了采购之路。

　　第一步：寻找匹配的供应商。根据锂电池的参数，通过线上平台、展会、电话沟通等渠道，寻找可以提供这种锂电池的供应商。

　　第二步：供应商分析。根据供应商的规模、信誉度及对产品的报价以及自身企业的现状，综合分析供应商能力，选择两至三家供应商。

　　第三步：样品测试。让备选的两至三家供应商分别提供样品，进行样品测试。

　　第四步：实地考察，当面议价。针对有意向且样品测试通过的供应商进行实地考察，并现场议价，争取价格下降空间。

　　第五步：下单。最终确定供应商并下单生产。

　　上述初创企业采购锂电池的案例是目前企业常规使用的方法，注重"单一最低采购价格"。近年来，随着供应链管理理念的发展和众多成功案例的涌现，越来越多的企业认识到这种常规采购的弊端，逐步转向战略采购。

|知识探究|

　　"战略采购"由著名咨询企业科尔尼（A. T. Kearney）于20世纪80年代首

次提出。区别于"常规采购"注重的"单一最低采购价格",它强调降低采购物资的总拥有成本及提高供应链竞争能力,目的是指导采购部门的活动围绕提高企业能力展开,以实现企业远景计划。简单来说,战略采购是以最低总拥有成本建立服务供给渠道的过程,常规采购是以最低采购价格获得当前所需资源的简单交易。

据统计,实施战略采购不仅为企业带来 20% ~ 30% 的物料总拥有成本下降,更重要的是构建新型的供应链合作关系,为形成供应链整体竞争力奠定了坚实的、有长久生命力的基础。在这个"市场竞争已不再是单个企业作为竞争主体的竞争,而是整个供应链之间的竞争"的时代,战略采购显得尤为重要。

那么,究竟如何实施战略采购呢?企业战略采购八步法如下:

(1) 第一步:建立战略采购实施小组

战略采购实施小组包括项目管理团队、各项目的商品小组及战略采购的常设部门(负责供应商开发与管理)。采购前期工作内容为:明确各个成员的职责及跨部门团队的工作规则,制订总体的实施计划,制订各个项目团队的工作计划,制订培训计划并实施培训。

(2) 第二步:统计各类物料的总拥有成本构成

总拥有成本包含产品流来料成本、仓储成本、运输成本,资金流资金占用成本、账期成本,信息流沟通成本等其他无形成本。统计各类物料的总拥有成本构成,为制定采购策略提供科学依据。

(3) 第三步:分析供方市场竞争现状及趋势

战略采购实施小组分析各类物料的竞争状况及未来的竞争趋势,利用 SWOT 分析工具来分析自身在向潜在供应商采购该物料时的机会、不利因素、优势与劣势,可为采购策略的制定提供更多依据。

(4) 第四步:按采购管理属性对物料进行分类

从风险性、复杂度、价值三个维度将物料分成战略类、瓶颈类、杠杆类、常规类四类。风险性是指供货中断对企业的影响,复杂度是指物料设计的成熟度和制造、服务、供应的复杂性,价值是指物料总拥有成本。战略类物料是指高风险、高复杂度、高价值的物料,瓶颈类物料是指高风险、高复杂度、低价值的物料,杠杆类物料是指低风险、低复杂度、高价值的物料,常规类物料是指低风险、低复杂度、低价值的物料。

(5) 第五步：针对四类物料制定差异化采购策略

①对于战略类物料，尽量与此类关键供应商结成战略性合作关系，实现总拥有成本的优化。②对于瓶颈类物料，要么不断开发新的供应商，要么修改自己的需求，将瓶颈类物料转化为其他物料。③对于杠杆类物料，需要扩大寻源范围，通过招标降低总拥有成本。④对于常规类物料，可以通过标准化和自动化的采购流程简化采购过程，降低采购费用。

(6) 第六步：科学评估与选择供应商

系统、规范的供应商评估选择流程至关重要，是保证供应商质量的重要环节。要秉承战略采购的思维，以总拥有成本为出发点及坚持双赢合作的策略与供应商进行合同谈判。

(7) 第七步：按照管理属性对供应商进行分类

根据企业与供应商之间的相互依赖程度及物料分类，可以将供应商分为战略协作型、长期合作型、按此交易型三类。

(8) 第八步：制定差异化的供应商管理策略

根据企业对供应商的分类与定位，企业应从战略、职能及操作层面分别制定差异化的供应商管理策略，采购、质量、工艺、研发、物流、制造、服务等部门均严格执行此策略。对于表现优异的供应商，企业应制定相应的奖励措施；对于表现较差的供应商，企业应根据物料的类别、供应属性来制定适当的惩处措施。

4.3.4 产品成本优化策略

 道尼尔（Dornier）效应

20世纪90年代，德国道尼尔公司计划开发一款"空中的梅赛德斯"，即双涡扇、涡轮民航飞机Do328（见图4-12）。该款飞机采用大量的先进技术，如投影显示、全玻璃驾驶舱，因此需要大量的研发资金以及高昂的材料费用。

图 4-12 "空中的梅赛德斯" Do328

产品开发完成后,当输入成本数据、预测售价及预测销量时,财务计算显示要销售 300 架 Do328 才能达到盈亏平衡。这就意味着,以预测售价销售 300 架飞机后,道尼尔公司才能收回前期的一次性投入。可惜,事与愿违,航空市场对 Do328 这种 30 座的支线飞机需求及价格均远低于预测,道尼尔公司前期投入的巨额研发资金只能分摊到可怜的销量上。

最终,道尼尔公司亏损巨大,几经转手后破产,这就是当时著名的"道尼尔(Dornier)效应"。

"道尼尔(Dornier)效应"启示我们:产品规划时,产品开发必须按目标成本进行,先让研发工程师研发、再让成本工程师核算成本的时代已经一去不复返了。

 知识探究

在产品同质化日益严重的今天,价格战不失为保住市场竞争优势的重要筹码,价格战的基础是成本优化,谁家成本低就能占得先发优势。那么,企业应如何优化成本呢?其实,成本优化贯穿产品生命周期全过程。

(1) 产品定位时聚焦核心功能

产品定位阶段一定要抛弃产品功能"多而全"的观念,依据用户实际需求,做好核心功能,摒弃无用功能,在提升用户体验的同时,降低产品成本。

比如，定位一款新车功能时，倒车雷达是用户必需的，360°环视是否是用户真正需求的，是否一定要增加这个功能呢？显然不是，对于大部分车主来说，倒车雷达已经可以满足需求，若增加360°环视功能，则会增加车辆成本和售价。

（2）产品研发时坚持成本与质量并重

产品研发时，按目标成本进行设计，尽量选择标准件，减少定制件的使用，研发工程师要具备成本思维，其价值不仅仅是实现功能，更要在设定的目标成本和目标质量下，实现用户功能和价值。

（3）拆解供应链、供应商成本，降低采购成本

拆解供应链、供应商成本，降低采购成本。一方面，拆解供应链成本，可以了解总拥有成本构成，进而有针对性地优化成本；另一方面，拆解供应商成本，将原材料成本拆解为供应商直接材料成本，设备、场地、能耗等直接成本，经营成本及利润诉求等，进而与供应商分项谈价格。

（4）增强库存管理，为供应链提速

采用动态库存管理策略，严格监控进销存动态，增加产品、物料的流通速度。一方面，产品销量的上升可以降低物料采购成本；另一方面，加强库存管理，防止物料呆滞也可以优化成本。

 讨论与思考

全球零售巨头沃尔玛，从一个农场边缘市场逐渐攀登全球零售顶峰，它是凭什么做到这点的？"沃尔玛其实就是一个供应链运营公司"，业界人士直言道。

请结合本节所学的供应链管理知识，自行查阅相关资料，讨论与思考沃尔玛在供应链管理中采取了哪些方案或手段？对初创企业管理供应链有哪些启示？

项目训练卡

专利的种类在不同的国家和地区有不同的规定。我国《专利法》规定的专利类型有三种：发明专利、实用新型专利、外观设计专利。①发明专利并不要求它是经过实践证明可以直接应用于工业生产的技术成果，它可以是一项解决技术问题的方案或一种构思，具有在工业上应用的可能性，但这并不能将这种技术方案或构思与单纯的课题、设想相混同，因为单纯的课题、设想不具备工业上应用的可能性。②实用新型专利是指对产品的形状、构造或者其结合所提出的适于实用的新的技术方案，同发明专利一样，实用新型专利保护的也是一个技术方案，但实用新型专利保护的范围较窄，它只保护有一定形状或结构的新产品，不保护方法以及没有固定形状的物质。实用新型专利的技术方案更注重实用性，其技术水平较发明专利而言要低一些。③外观设计专利是指对产品的形状、图案或其结合以及色彩与形状、图案的结合所做出的富有美感并适于工业应用的新设计。

那么如何申请专利呢？首先要准备技术交底书。技术交底书是撰写专利申请文件的重要依据，是专利申请文件的撰写基础。一份高质量的技术交底书有助于专利代理人更快更好地理解技术方案，减少专利代理人和技术人员的沟通时间，提高专利申请工作的效率和申请文件的质量。请结合技术交底书各个模块的撰写要求和注意事项，撰写一份专利技术交底书（见表4－1）。

表4－1 专利技术交底书训练与实践

任务明晰	撰写专利技术交底书		
实施目标	结合技术交底书各个模块的撰写要求和注意事项，撰写一份专利技术交底书，可以是发明专利或实用新型专利或外观专利		
实施名单		团队名称	
活动道具	白纸、白板、便签贴		
活动步骤	（1）以小组为单位，结合本书前期所学，选择某一产品或创意想法 （2）以这一产品或创意想法为例，撰写专利技术交底书		
过程呈现	小组讨论，形成PPT演示文稿，演讲分享，全班讨论		

(续)

参考资料 （专利技术交底书模板）	（1）发明名称 实用新型专利名称应简明、准确地表明实用新型专利请求保护的主题。名称中不应含有非技术性词语，不得使用商标、型号、人名、地名或商品名称等，不得超过25个字 （2）发明背景 请说明本发明的背景，描述据申请人所知的本发明的最接近的现有技术，并描述现有技术有何优缺点，对其存在的问题或不足客观地进行评述 （3）发明内容 描述本发明所要解决的技术问题； 描述本发明的技术方案； 描述本发明的有益效果，即本发明和现有技术相比所具有的优点及积极效果，应着重写明由本发明新增加的不可缺少的组成部件所直接产生的有益效果 （4）说明书附图 实用新型专利必须提供说明书附图，发明专利提供本发明的方法流程图 （5）应用领域 请列举本发明已知和潜在的技术/产品应用领域及其应用方式（需补充资料时，请另纸附上） （6）具体实施方式 具体实施步骤，详细说明每一步的内容 （7）引证资料 除专利申请表中所列的附件外，请列出与本发明相关的参考资料及文献，如学术报告、论文、技术报告等，并请附送影本（需补充资料时，请另纸附上） （8）其他说明 除以上资料外，如有其他相关信息，请加以说明

第 5 章
如何开展市场营销与互联网运营

 本章知识点思维导图

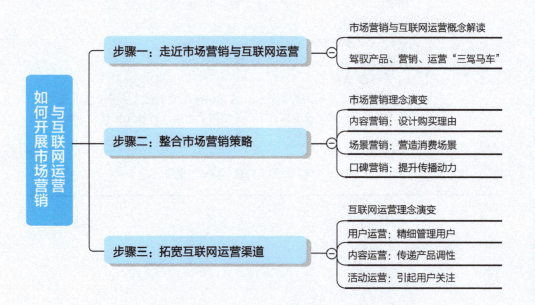

5.1 步骤一：走近市场营销与互联网运营

> 任何一个行业，从诞生到成熟，似乎都会经历从先重技术、抓生产制造，到重产品、抓创意设计，再到重运营、抓市场营销的过程。之后再从一个成熟的行业里诞生出更多新的、细分的行业，如此循环往复。
>
> ——《人人都是产品经理2.0》

若将产品生命历程比作从 0 到 1、从 1 到 N 的逐步构建过程，则产品可以实现"0~1"，即完成产品从无到有、从创意到落地，但要实现"1~N"，让更多的用户了解并购买产品，则需要营销与运营，特别是在产品越来越同质化、差异化越来越小的今天，科学的营销与运营将对产品市场走势起决定性作用。

5.1.1 市场营销与互联网运营概念解读

 案例剖析 名家解读 "市场营销"与"互联网运营"

市场营销是个人和集体通过创造产品和价值，并同别人进行交换，以获得其所需所欲之物的一种社会和管理过程。

——"现代营销学之父"菲利普·科特勒

营销是在一种利益之下，通过相互交换和承诺，建立、维持、巩固与消费者及其他参与者的关系，实现各方的目的。

——"服务营销理论之父"克里斯琴·格罗鲁斯

营销是创造、沟通与传送价值给顾客，及经营顾客关系以便让组织与其利益关系人受益的一种组织功能与程序。

——美国市场营销协会

市场营销是企业经营活动的职责，它将产品及劳务从生产者直接引向消费者或使用者以便满足顾客需求及实现公司利润，同时也是一种社会经济活动过程，其目的在于满足社会或人类需要，实现社会目标。

——杰罗姆·麦卡锡

所谓运营，其实就是为了帮助产品与用户之间更好地建立关系，以及更好地维系住这种关系，我们所需要使用的一切干预手段。

——《运营之光：我的互联网运营方法论与自白2.0（珍藏版）》

互联网运营是为产品传递价值、打造生态和创造玩法。

——《超级运营术》

一切能够进行产品推广、促进用户使用、提高用户认知的手段都是运营。

——《从零开始做运营》

知识探究

市场营销是指企业发现或挖掘消费者需求，从整体氛围的营造以及自身产品形态的营造去推广和销售产品，即深挖产品内涵、切合消费者需求，从而让消费者深刻了解该产品进而购买该产品的过程。

市场营销就是为客户创造价值，建立牢固的客户关系，从而获得回报的过程。市场营销区别于销售，首先，营销是一种策略，销售只是一种手段，是营销的一部分，市场营销包括市场调研、市场推广、品牌策划、销售、客户服务等。其次，营销以客户需求为导向，以如何有效开发客户为首要任务，是一种由外而内的思维方式，销售则以企业固有产品或服务来吸引客户，是一种由内向外的思维方式。最后，销售是把产品卖好，是销售已有的产品、把现有的产品卖好，营销则是让产品好卖，是产品的行销策划、推广，营销的目的是让销售更简单甚至不必要，让产品更好卖。

互联网运营是指企业通过设计系列与用户互动、沟通、维护关系的行为，在满足用户需求的同时，不断向用户传递产品价值，不断从用户处获取反馈，以达到"用户获取"和"用户维系"的目的，进而建立产品在市场上的竞争壁垒，并最终取得产品市场成功的过程。

目前，随着市场上产品形态的增多，新的运营岗位层出不穷（见表5-1），比如，伴随电商、网游产品的崛起而诞生的电商运营、游戏运营；伴随旅游出行产品的发展而诞生的商旅运营、酒店运营、网约车平台运营；伴随微信公众号、微博、今日头条等的兴起而诞生的新媒体运营；伴随抖音、快手、斗鱼等产品的走红而诞生的直播运营、主播运营等。

表5-1 互联网运营岗位层出不穷

类别	代表性公司	代表性产品	代表性运营岗位
资讯	新浪、网易、搜狐	门户网站：新浪网、网易新闻、搜狐网	内容编辑运营
	天涯社区、千橡互动、西祠胡同	BBS论坛：天涯社区、猫扑网、西祠胡同	社区运营
电商	阿里巴巴、京东	电商平台：淘宝、京东商城	电商运营（类目运营、行业运营）
旅游	携程旅行、同程旅游	旅游服务类产品：携程网、同程旅游	商旅运营、酒店运营
游戏	盛大网络、网易	网络游戏：热血传奇、梦幻西游	游戏运营
出行	滴滴、上海钧正	出行软件：滴滴出行、哈啰出行	网约车平台运营（运力运营、安全运营、司机服务运营）
搜索导航	百度、搜狗	搜索引擎：百度搜索、hao123、搜狗搜索	搜索引擎优化（SEO）运营、搜索引擎营销（SEM）运营
	苹果、小米	应用商店：Apple Store、小米应用商店	应用商店优化（ASO）运营
新媒体	腾讯、新浪、字节跳动	新媒体流量产品：微信公众号、微博、今日头条	新媒体运营（公众号运营、微博运营、头条号运营）
外卖	美团、拉扎斯	外卖平台：美团外卖、饿了么	商户运营、店铺运营

(续)

类别	代表性公司	代表性产品	代表性运营岗位
影视综艺	腾讯、百度	影视综艺客户端：腾讯视频、爱奇艺	网剧运营、节目运营
视频	字节跳动、360、斗鱼网络	直播短视频软件：抖音、花椒直播、斗鱼	直播运营、主播运营
金融	蚂蚁集团、京东数科	互联网金融产品：支付宝、京东金融	支付运营、金融产品运营、银行合作运营

5.1.2 驾驭产品、营销、运营 "三驾马车"

 案例剖析 不同品牌的碳酸饮料口感差别真的很大吗？

1886年，约翰·斯蒂斯·彭伯顿（见图5-1）想发明一种既能提神镇静、减轻头痛又能让需要补充营养的人喜欢的饮料。在一次调配饮料的过程中，他的助手不小心加入了苏打水，大家发现饮料味道变得更好了。这次无意之举竟让可口可乐成为日后风靡世界的饮料。

图5-1 约翰·斯蒂斯·彭伯顿

历经百年风云，碳酸饮料行业也迎来了众多竞争对手，如百事可乐、雪碧、芬达、七喜、美年达等。在产品竞争日益激烈的今天，假如把这些碳酸饮料装入不透明的容器中进行口味盲测，有多少用户仅凭味道能分得清楚呢？从品质上讲，目前产品差异化已经非常小，相信大部分用户仅凭口味已经很难区分品牌。

其实，可口可乐在刚被发明的那一段时间，带气泡的糖水没有其他厂商能制造出来，偏偏消费者就是喜欢，这是产品本身自带的营销、运营属性，这就是产品的魅力所在。当大量竞争对手都可以做出类似口味的碳酸饮料时，企业应如何参与竞争？其实，此时比拼的就是营销、运营等综合能力。事实上，目前各种碳酸饮料在品牌定位、文化属性、定价策略及用户心智等方面均有差异，市场上还有很多类似的例子，比如当初的苹果手机与功能手机就是两个时代的产品。

 知识探究

任何一个行业从诞生到成熟的发展均会经历产品、营销、运营"三驾马车"不断演变的过程；经历从重技术、抓生产制造，到重产品、抓创意设计，再到重运营、抓市场营销的过程；经历从产品领先阶段到营销与运营领先阶段，再到产品、营销、运营并驾齐驱阶段的过程。随后从一个成熟的行业里诞生出更多新的、细分的行业，如此循环往复。

①产品领先阶段。先进的产品研发、制造能力形成强大的竞争壁垒，此时，行业内几乎没有竞争对手，产品一般自带用户流量，搭配简单的运营与营销就可成功，这种产品一般是原创性的科学发明，如世界上第一台汽车、第一架飞机等。②营销与运营领先阶段。此时，产品严重同质化且产能普遍过剩，高效的营销与运营能力将会成为竞争胜负的关键，比如目前大部分论坛的技术框架、产品界面、使用方法、用户群都类似，但有的做得好，有的做得差。③产品、营销、运营并驾齐驱阶段。此时，产品营销、运营均做到极致，三者并无明显短板，企业也逐渐成为行业巨头。

总之，初创团队在开发新产品时，要科学地进行产品评估。若产品处于领先地位，则通常有相应的竞争壁垒，如技术、资金等，此时应注重补齐产品营销与运营能力；若产品处于竞争异常激烈的"红海"市场，则提升并保证营销与运营能力领先是必须要考虑的。随着时间的推移,产品、营销、运营"三驾马车"会不断进化,当企业逐渐没有了明显的短板,也就成了行业巨头,行业巨头又可以凭借资源做大做强,通过收购、兼并等方式保住自己的领先地位。

 讨论与思考

> 短视频是伴随着移动网络提速升级和智能终端基本普及而流行的一种新型视频分享方式,其视频时长通常为 15s～5min,它具有制作简单、信息丰富、参与性强等特点。根据中国互联网络信息中心(CNNIC)发布的第 47 次《中国互联网络发展状况统计报告》,截至 2020 年 12 月,我国网民规模达 9.89 亿人,较 2020 年 3 月增长 8540 万人,互联网普及率达 70.4%。其中,短视频用户规模为 8.73 亿人,占网民整体的 88.3%。
>
> 请自行查阅短视频行业发展的相关资料,结合短视频快速发展的原因,从产品、营销、运营角度分析短视频目前所处状态,并讨论其未来发展方向。

5.2 步骤二:整合市场营销策略

> 市场营销的目标,在于充分理解顾客,并将他们潜在的心理需求变成实际的购买行为。
>
> ——佚名

随着移动互联网的高速发展,营销环境变得异常复杂,仅仅依靠一则广告或一种促销、宣讲、报告的营销效果收效甚微,营销主体呈现个性化、社交化、娱乐化趋势,传统的经典营销理论受到巨大挑战。所以,今天的市场营销是一种营销组合,是一种整合营销策略,需要对各种营销工具和手段系统化结合,并依据环境进行实时动态修正。

5.2.1 市场营销理念演变

案例剖析 脑白金的"定位+4P营销理论"实践

"今年过节不收礼,收礼只收脑白金"(见图5-2)、"年轻态,健康品""孝敬爸妈脑白金",我们对这些广告语是不是特别熟悉?这就是脑白金的一次"定位+4P营销理论"的成功实践,通常的做法就是为产品找准定位,取一个好记、独特的名字,设计一条"洗脑"广告语和视频,买断当地电视台黄金时间,重复、重复再重复地播放,最终达到的效果就是说出上句你就能对下句。

图5-2 脑白金经典广告语"今年过节不收礼,收礼只收脑白金"

为了找准产品定位,史玉柱亲自到一线与用户接触,去公园找大爷、大妈聊天,最终他发现了"老人晚上失眠""儿女过节给老人送礼"的需求,并洞察到了保健产品,在功能属性之外的另一个本质礼品属性,因此他把脑白金产品定位成儿女送给老人的首选礼物,也就是"今年过节不收礼,收礼只收脑白金"这条广告语的内在逻辑和策略。

在广告投放上,脑白金采取小规模试错策略,即先在三四线小城市做一轮测试,看效果后再规模投放。经过测试,脑白金发现媒体中性价比最高的是当地报纸,于是在抢占市场的过程中，报纸软文成了必备武器。在电视广告上，最开始尬舞的是两个真实的老年人，在广告播出后遭到当地市民的投诉，于是换成了卡通人物。

在内容营销方面，脑白金积极融合实事热点。当时恰逢克隆羊很火，于是广告先"伪装"成一篇科普专栏，给用户科普克隆羊相关知识，随后再科普褪黑素是如何改变睡眠的，最后引出"脑白金"与褪黑素的关系——如果你经常失眠，那么好的东西你想不想用？

在渠道管理上，脑白金在省级区域内不设总经销商，在一个城市只设一家经销商，并只对终端覆盖率提出要求，让渠道实现了"扁平化"，一方面保证流通环节的利润，另一方面防止经销商势力过大对企业发展造成掣肘。

脑白金的"定位＋4P营销理论"实践无疑是成功的，2000年春节期间，通过猛砸这段"洗脑"广告，脑白金在当年1月的销量达到21.6万件，收入达2.1亿元。

 知识探究

市场营销始于社会分工的细化、供方产能过剩、买方需求多元化、信息不对称。过去，市场是生产的终点；而现在，市场是生产的起点。过去是以产定销，现在是以销定产。

1. 以企业为中心的4P营销理论

美国营销学者杰罗姆·麦卡锡教授在20世纪60年代提出"产品（Product）、价格（Price）、渠道（Place）、促销（Promotion）"四大营销组合策略，即4P营销理论（见图5-3）。他指出，一次成功和完整的市场营销活动，意味着以适当的价格、适当的渠道和适当的促销手段，将适当的产品和服务投放到特定市场。

图5-3 4P营销理论

1967年，菲利普·科特勒在其畅销书《营销管理：分析、规划与控制》中进一步确认了以4P为核心的营销组合方法。

(1) 产品（Product）

企业以向目标市场提供各种适合用户需求的有形产品和无形产品的方式来实现其营销目标，要求产品有独特的卖点，把产品的功能诉求放在第一位。

(2) 价格（Price）

根据不同的市场定位，企业制定不同的价格策略来实现营销目标，其中包括制定基本价格、优惠价格、付款期限等。

(3) 渠道（Place）

企业并不直接面对用户，而是注重经销商的培育和销售网络的建立，企业与用户的联系是通过分销商来进行的。

(4) 促销（Promotion）

企业注重销售行为的改变来刺激用户，通过品牌宣传（广告）、公关、促销等一系列的营销行为，吸引其他品牌的用户或刺激用户提前消费来促进销售的增长。

4P营销理论的提出奠定了管理营销的基础理论框架。4P营销理论把企业营销活动这样一个错综复杂的经济现象概括成产品、价格、渠道、促销四大因素，简单明了，易于掌握，很快成为当时营销界和营销实践者普遍都接受的一个营销组合模型。

2. 以用户为中心的4C营销理论

随着市场竞争的加剧以及媒介传播速度的加快，4P营销理论越来越受到挑战。1990年，美国学者罗伯特·劳特朋（Robert Lauterborn）教授提出了4C营销理论（见图5-4），即用户（Customer）、成本（Cost）、便利（Convenience）和沟通（Communication）。

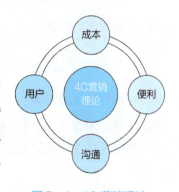

图5-4　4C营销理论

（1）用户（Customer）

企业必须首先了解和研究用户，根据用户的需求来提供产品，同时，企业提供的不仅仅是产品和服务，更重要的是由此产生的用户价值。

（2）成本（Cost）

成本不仅包括企业的生产成本，还包括用户的购买成本。用户的购买成本不仅包括货币支出，还包括用户为此耗费的时间、体力、精力以及购买风险。产品定价的理想情况应该是既低于用户的心理价格，也能够让企业有所盈利。

（3）便利（Convenience）

由于用户在购买商品时，总希望把有关成本包括货币、时间、精神和体力等降到最低限度，以使自己得到最大限度的满足，因此，企业必须努力降低用户购买的总成本，如通过降低商品进价成本和市场营销费用来降低商品价格，以减少用户的货币成本；努力提高工作效率，尽可能减少用户的时间支出，节约用户的购买时间；通过多种渠道向用户提供详尽的信息，为用户提供良好的售后服务，减少用户精神和体力的耗费。

（4）沟通（Communication）

企业应通过与用户进行积极有效的双向沟通来建立基于共同利益的新型企业-用户关系，不再是企业单向促销和劝导用户，而是在双方的沟通中找到能同时实现各自目标的途径。

罗伯特·劳特朋的4C营销理论是传统4P营销理论的延伸，将企业营销战略从以企业为中心转向以用户为中心。

3. 市场营销理念演变：4P 到 4C

在消费升级的趋势下，产能的普遍过剩进一步加剧了市场的竞争，市场营销理念也从以企业为中心的4P营销理论转变为以用户为中心的4C营销理论，4P营销理论是从企业的角度出发，而4C营销理论是从用户的角度出发。

（1）产品转向用户

营销目标由产品导向转向用户导向。企业在产品规划阶段就摒弃传统的闭门造车，转而满足用户需求，基于用户需求开发新产品。比如，经典的超市品类管理理论会把产品分为利润型、冲量型、竞争型等类别，很明显，上述品类管理始终站在企业的角度，事实上，实体店一直缺乏基于用户的营销理论，若是真的从用户的角度出发，或许就不会摆放那些形同虚设的陈列，引进那些如同鸡肋的新品了。

（2）价格转向成本

产品价格由企业生产成本导向转向用户购买成本导向。4P营销理论强调产品价格由企业生产成本决定，而4C营销理论强调定价要从用户的角度出发，产品价格不仅包括企业的生产成本，还包括用户购买产品的成本。这就能解释为什么目前专注某个领域的品牌大受欢迎，因为它减少了用户的机会成本，对于很多用户而言，购买低频使用的产品时，存在好不好用或者会不会用的风险，这是一种很难规避的机会成本。

（3）渠道转向便利

产品销售由"渠道为王"转向"让用户方便快捷购买"。企业在选择销售方式时，首先考虑用户购物等交易过程如何给用户提供方便，而不是从企业的角度考虑销售渠道的选择，这也是电商平台能够快速发展的原因之一。

（4）促销转向沟通

产品推广由单向促销转向双向沟通。我国有着庞大的冲动型消费人群，这意味着巨大的市场潜力。但是，有很多消费者是在一知半解的情况下购买产品的，特别是对于一些技术产品，以单向交流为特征的促销显然是不够的，用户需要针对性更强的双向沟通。双向沟通可以收集用户反馈，验证用户需求，进而反馈给企业，打造更精准的产品。因此，越来越多的促销人员开始将双向沟通作为工作拓展的重点。

4. 移动互联网时代营销新挑战

在移动互联网与传统行业深度融合的时代背景下，企业的商业模式发生了巨大改变，营销模式也发生了颠覆性变化，传统的营销经典已难以适用。《哈佛商业评论》杂志曾在某一期封面上出现"传统广告已死"的标题。我们知道，传统广告的重点是渠道，传统广告的目的是告知。事实上，传统广告并不会死，因为告知在整个营销传播过程中，始终是最基础的一环，但是，告知不等于接受，接受不等于记住，铺天盖地的广告早已让用户眼花缭乱。对于企业来说，通过加大资金投入来抢占线下广告渠道，似乎变得不那么划算了。

移动互联网时代的营销环境开始呈现移动化、碎片化、场景化三大特点。随着智能移动终端的普及，用户使用手机的时间逐渐增长。自媒体时代的泛中心化将个体的信息传播能力无限放大，人们的关注点不再局限于少数的几个焦点，人们已经开始走出在固定的时间、固定的地点进行消费的传统模式，逐渐变成不限时间、不限地点、不限渠道的新型消费模式。

移动互联网时代的消费主体呈现个性化、社交化、娱乐化三大趋势。消费主体的变化主要是来自逐渐成长起来的"80后""90后"，作为一个不断崛起的消费群体，他们的消费行为与消费理念开始改变商业环境，以往被压制的产品个性化与定制化需求被解放出来，情感的交流与参与度成为企业获得成功的关键要素。

营销环境与营销主体的变化决定了移动互联网时代企业的营销战略要向内容化、场景化、口碑化的整合营销方向不断迈进，可以预见，未来企业的营销之争将在人工智能、大数据等前沿技术的支撑下，围绕内容、场景、口碑等展开一场激烈的竞争。

5.2.2 内容营销：设计购买理由

案例剖析 一个钙片生产企业的内容营销

当钙片这个产品被生产出来的时候，应该怎么卖？仔细分析一下，钙片的目标用户为缺钙的人群。然而，大部分用户根本不知道自己是否缺钙，只有去医院检查才知道，若只卖给去医院检查过并被告知缺钙的用户，则市场容量将大大降低。

既然用户没有建立对产品的感知，企业可以通过内容营销给用户一个合理的购买理由，于是，"腰酸背痛腿抽筋"广告语很快让用户记住了，"腰酸背痛腿抽筋"是由缺钙造成的，这就是用户购买的理由。"腰酸背痛腿抽筋"是用户很容易感知到的具象事物，并可以迅速在用户心中建立感知，获得用户的认可，迅速给用户建立了一个购买的理由。

知识探究

提到内容营销,很多人会想到用海报、视频、H5[一]等一系列组合打造的营销,然而内容营销真的是这样吗?

1. 什么是内容营销?

美国内容营销协会(Content Marketing Institute,CMI)将内容营销定义为"一种通过生产发布有价值的、与目标人群有关联的、持续性的内容来吸引目标人群,改变或强化目标人群的行为,以产生商业转化为目的的营销方式"。内容营销的核心在于内容,内容一方面要突出产品价值,另一方面要引起用户的兴趣,激发用户的情感波动,给用户一个购买产品的理由。因此,企业必须要花足够的时间和精力来制作优质的内容。在信息大爆炸的时代,企业单纯依托渠道投放、硬广推广已成过去,优质内容传播已成为市场营销的主流趋势之一。

2. 为什么要做内容营销?

(1) 内容营销可激起用户的情感互动

真正的营销并非追求一时流量与曝光率,而是通过与用户建立情感互动,唤起其对产品的高度认可,增强用户与产品之间的情感黏性,尤其在信息碎片化、注意力稀缺的时代,俘获用户变得越发不易,只有击中用户情感共鸣点,才能让产品在市场竞争中置于不败之地。

2018年,随着《舌尖上的中国》第三季热播,章丘铁锅一夜爆红,价格也一路飙升,"章丘铁锅制造需要历经12道工序,再过18遍火候,1000℃的高温锤炼,经受36000次锻打,直到锅如明镜"这个充满匠心、情怀的故事,激发了用户的情感互动,让章丘铁锅的产品价值可视化、可触摸,进而唤醒了用户的非理性决策。

[一] H5 是指利用 HTML5 技术,在页面上融入文字、动效、音频、视频、图片、图表、音乐、互动调查等各种媒体表现方式,将品牌核心观点重点突出,方便用户体验及用户与用户之间的分享。

(2) 内容营销可提升用户流量

内容营销是一种没有天花板的流量入口，因为用户永远对高质量的内容存在需求，因此，无论对于缺乏足够资金购买流量的初创企业，还是对于流量增长到瓶颈的成熟企业，只要产出足够优质的内容，就可以打破流量封锁。

其实，大量工具类 App 已经开始了内容化转型，比如，手机淘宝增加了"淘宝直播""每日好店"等内容入口（见图 5-5），携程旅行增加"旅拍"等内容入口。为什么要加重内容营销呢？因为工具类 App 是有流量天花板的，如果用户只是来消费，那么无论用户规模、停留时间还是消费频次都会遭遇瓶颈，但高质量的内容却会为用户提供更多造访理由，把选购商品变成类似刷抖音一样的享受，用户的停留时间会大大增加，而一个个真实用户的真实消费故事就是一个个信任背书，可以大大唤醒其他用户的购物欲望。

图 5-5　手机淘宝增加"淘宝直播"等内容入口

(3) 内容营销可建立隐性竞争壁垒

优质的内容本身就是一种很强的竞争壁垒，特别是对于初创企业，没有资金优势，很难在其他方面建立竞争壁垒。比如，爱奇艺面对腾讯视频和优酷，一个背靠腾讯，一个背靠阿里巴巴，从资本上看，可以说爱奇艺无法和这两个巨头抗衡，但爱奇艺有一点却很强，那就是连续孵化爆款的能力，2017 年的《中国有嘻哈》、2018 年的《延禧攻略》《偶像练习生》、2019 年的《破冰行动》均产自爱奇艺。这种能力是靠多年来一点点渗透内容产业、不断完善团队架构、不断进行试错所堆叠起来的竞争壁垒，无法用资本力量快速复制，无法用创意实力去弥补，所以叫作隐性的竞争壁垒。这种能力让爱奇艺在巨头夹缝里仍然有很高的竞争力。

3. 如何做内容营销？

（1）基于品牌定位选择内容领域

内容营销实际上也是维护、推广品牌形象的过程，因此，企业一定要基于品牌定位选择内容领域，这个领域要与产品相关，不能无限外延，并在这个领域不断深耕，争取成为这个领域的领导者。比如，目前母婴类企业的内容营销主要聚焦在育儿知识领域，生鲜类企业的内容营销主要聚焦在美食知识领域。

（2）持续高质量打造爆款内容

目前，营销环境呈现移动化、碎片化特征，因此营销内容要降低用户的时间成本，让用户觉得"很值"，最好达到强烈的转发欲望。一方面，内容营销要保持营销的"持续性"，坚持更新内容，不断输出；另一方面，内容营销要提升内容的质量，坚持内容的原创性、首发性、时效性、新奇性。

（3）内容营销IP[⊖]化，让产品深入人心

很多企业做营销最大的误区就是总想换个有新鲜感的创意刺激用户，然而用户的心智投资是需要长期持有的，不能随便倒卖，因此，企业应该在不断变化的创意内容里，寻找能一直不变的营销内容，然后持续投入，实现内容营销IP化。

打造IP最核心的是打造"标签"，而内容是为标签服务的，企业通过持续地用各种形式的内容来强化标签，以达到标签化的效应。目前，很多营销IP已经如它们的品牌一样渗透到用户心智中，比如，淘宝发起的"双十一"活动。

（4）优化用户行为路径，降低转化成本

好的内容营销能产生市场增长。内容营销产生实效的根基是优化用户的行为路径，只有路径更短、速度更快，才能真正让"内容"产生"营销"。

⊖ IP是指互联网IP（Intellectual Property），意为知识产权，主要由著作权、专利权、商标权三部分组成。

5.2.3 场景营销：营造消费场景

案例剖析 酒店营销活动二维码的线下投放选址

抽奖作为一种常见的营销手段，某酒店也打算利用抽奖做一次营销活动，在维护老用户的同时开发新用户。抽奖流程采取目前流行的通过扫描二维码进入 H5 页面抽奖形式，很快二维码就做好了，通过微信、微博完成了线上投放，而线下二维码放在哪里合适呢？大厅入口？酒店前台？房间床头柜？餐厅桌子？

①大厅入口处虽然人流量大，但用户大多是着急办理入住或离店，很少有人停下来把注意力放在扫描二维码抽奖活动上。②酒店前台作为用户必经之处，多为办理入住或离店手续，若服务员不主动提醒，则用户很难参与扫描二维码抽奖活动。③房间虽然是用户停留时间最长的地方，但多半是睡觉，醒着的时间通常是在看电视、看书、聊天、玩手机，注意力被吸引分散的选择太多，而床头柜二维码很可能被忽视。④酒店餐厅人流量较大，用户能够长时间停留，且用户用餐时相对悠闲，很容易就注意到餐桌上的二维码。

结合上述案例，我们就很容易理解营销场景，在营销策划时要考虑用户使用产品的场景。类似的案例还有很多，比如结合年轻人爱吃火锅、烧烤、熬夜的场景，王老吉的场景营销是"怕上火，就喝王老吉"；结合学生、都市白领的工作场景，六个核桃的场景营销是"经常用脑，多喝六个核桃"。

 知识探究

在传统广告中，有一种著名的现象叫作：广告盲点（Banner Blindness），即用户会自动选择忽略广告，在这种硬广告效果越来越差的情况下，场景营销成了企业新的营销武器，构建一个真实的生活场景，让用户在场景中增加消费体验，在毫无压力的情况下欣然接受信息并完成消费。

1. 什么是场景营销？

场景营销就是企业通过营造特定的场景，并将产品嵌入场景中，与用户形成互动体验，打动用户，激发其消费欲望，完成消费行为的过程。场景营销是在以用户为中心的 4C 营销理论基础之上的再次飞跃，生活处处是场景，每一个人都生活在场景之中，用户的消费行为是在特定的场景下进行的，用户也是透过场景来认知产品的，因此，企业要做的就是考虑用户购买产品的场景是什么，用户在此场景下会想什么，用什么方式能提高产品的曝光率并能影响用户购买决策，以达到产品销售的目的。

2. 为什么要做场景营销？

（1）场景营销可让用户深度感知产品

无论产品外观设计得多么炫酷、宣传标语多么感人，用户需要的更多的是一种亲身体验和深度感知，这种感知是用户可以理解并且关心的一种内在感受，场景营销可以将用户置身于消费场景中，为用户找出感受的来源，增强对产品的信心。第一代 iPod 发布时的广告语为"将 1000 首歌曲装进口袋"（见图 5-6），为什么不宣传内存多大呢？因为用户不会关心，也没法理解与感知内存这些专业术语。

图 5-6　第一代 iPod 的广告词"将 1000 首歌曲装进口袋"

(2) 场景营销可增强品牌亲和力

场景营销通过将用户拉入真实场景来让用户亲身体验产品，这样可增强品牌亲和力。比如，深圳有一家非常火爆的湖南土菜馆——农耕记，它通过对门头、特产堆头（见图5-7）及空间的装饰，讲述了"农耕"故事，勾勒出一幅仿若透着袅袅炊烟的乡村景象。沉浸式的消费场景让用户享受其中，这充分迎合了现代都市消费者"返璞归真"的需求，让用户充分感受到产品背后浓郁的文化和品牌的温度，提升了品牌的亲和力。

图5-7 农耕记的特产堆头

3. 如何做场景营销？

(1) 深度洞察用户心理

心理洞察是场景营销实施的核心与起点，企业要深度了解用户产生产品需求的心理动机以及用户购买产品过程中的心理动态。

(2) 科学设置消费场景

在深度洞察用户心理的基础上，企业要科学地进行场景设置或选择，通过场景来将目标用户带入营销所需要的心理状态下，而消费场景设置的重点是场景中的互动设置，通过互动才能让目标用户真正进入该场景中，并给予目标用户及时的心理反馈，才能更有效地对其心理进行刺激。

(3) 产品巧妙融入场景

将产品巧妙地融入场景，"让广告不像广告，让营销趋于无形"，能够"润物细无声"地传播产品信息，诱发用户产生消费行为。其实，产品融入场景更多的是融入场景里人的情感。

（4）激发用户消费行为

构建消费场景的目的就在于让用户在体验的过程中产生消费的欲望，从而实现营销的目标。因此，在成功将目标用户带入某种心理状态后，就要通过一些礼品、折扣等形式激发用户消费行为。

5.2.4 口碑营销：提升传播动力

案例剖析 金杯银杯不如消费者的口碑

"金杯银杯不如消费者的口碑"，从消费者口中得到的好评比一切广告都更有说服力，现在的消费者购物都看重什么？

市场研究公司 Jupiter Research 调查数据显示，77% 的网民在线采购商品前，会参考网上其他人所写的产品评价。

英国的 MediaEdge 实施的调查结果表明，当消费者被问及哪些因素会令他们在购买产品时更放心，超过 3/4 的人回答"有朋友推荐"。

各种调查研究显示，现在的消费者购物更多的是看重朋友推荐和用户评价，以保证买到货真价实的东西。因此，口碑对消费者购物决策有很重要的影响，任何企业必须重视口碑营销，特别是在互联网时代，人们交流和接触的范围更加广泛，使信息的传播变得更快。

网络问答社区"知乎"就深谙这个道理——金杯银杯不如消费者的口碑。2011 年，知乎正式上线之初就依赖于口碑营销，用户只有获得了邀请码才能注册并进入知乎社区，由于朋友之间的互相推荐及用户的好奇心驱动，一度出现了"一码难求"的现象，知乎微博的评论区和邮箱总塞满索要邀请码的留言和来信。直到 2013 年，为了获取更大的用户流量，知乎经过一系列产品优化后才从封闭邀请转向开放注册。

知识探究

"金杯银杯不如消费者的口碑",口碑效应实际上早就存在,产品的营销基本上靠"口口相传",比如"同仁堂""全聚德"等老字号企业以及"天津麻花""山东煎饼"等地方特产。随着社会化媒体的兴起,口碑效应对产品营销的影响越来越大,也使企业越发重视用户口碑,口碑营销应运而生。

1. 什么是口碑营销

世界顶级营销大师们对于口碑营销给出了不同描述:

《营销全凭一张嘴》的作者伊曼纽尔·罗森认为口碑营销更多的是"口口相传",将口碑营销描述为"口碑是关于品牌的所有评述,是关于某个特定产品、服务或公司的所有的人们口头交流的总和"。

"现代营销学之父"菲利普·科特勒给21世纪的口碑下的定义是:"口碑是由生产者以外的个人通过明示或暗示的方法,不经过第三方处理、加工,传递关于某一特定或某一种类的产品、品牌、厂商、销售者,以及能够使人联想到上述对象的任何组织或个人信息,从而导致受众获得信息、改变态度,甚至影响购买行为的一种双向互动的传播行为。"

口碑营销大师马克·休斯曾提出,最具威力的营销手法,便是"把大众与媒体一起拖下水,借由口耳相传,一传十、十传百,才能让你的品牌与产品讯息传遍全世界"。

口碑营销又称病毒式营销,其核心内容是能"感染"目标用户的"病毒体"——产品或内容(话题、事件),"病毒体"威力的强弱将直接影响传播的效果。在现在这个信息爆炸,媒体泛滥的时代里,用户对广告甚至新闻都有极强的免疫能力,企业只有通过打造极致的产品或制造新颖的口碑传播内容才能吸引大众的关注与议论。口碑营销是以口碑传播为核心的营销方式,是一个"发声—传播—接收"的循环过程。别人的评论就是口碑。企业借助一定的渠道和途径进行口碑传播,以实现品牌曝光和商品交易,赢得用户满意度和忠诚度,提高企业和品牌的形象。

2. 为什么要做口碑营销

（1）口碑营销具备较高性价比

口碑是人们对产品的看法，口碑营销无疑是当今世界上廉价的信息传播工具，除了企业的智力支持以及用于开发意见领袖的费用外，不需要其他更多的投入。因此，口碑营销的成本比广告投入、促销活动要低得多，而且往往能起到事半功倍的作用。

（2）口碑营销用户信任度高

当代社会，用户对广告甚至新闻都有极强的免疫能力，当他们计划购买相关产品时，往往会先通过他们身边的亲朋好友进行了解，亲朋好友的建议对他们的最终决策起到了很大的作用。在口碑传播之前，他们与亲朋好友之间已经建立了一种特殊的关系和友谊，相对于纯粹的广告、促销活动、商家的推荐等而言，用户对口碑营销的可信度会高很多。

（3）口碑营销能精准地找到目标用户

口碑营销具有很强的针对性，它不像大多广告那样千篇一律，无视接受者个体差异，口碑传播形式往往借助于社会公众之间一对一的传播方式，信息的传播者和被传播者之间一般有着某种联系。所谓"物以类聚，人以群分"，有着相似兴趣、相似关注的消费群体构成了一个个小阵营。甚至是某类目标市场，他们消费趋向相近，品牌偏好相似，只要影响了其中的一个人或者几个人，更多的目标用户便会很快被"寻找"出来。

3. 如何做口碑营销

口碑营销是一个"发声—传播—接收"的循环过程。口碑营销的目标是接收者接收到企业或产品信息并获得其认可，所以企业进行口碑营销可按以下步骤进行：选择发声对象—确定传播话题—选择传播渠道—新用户关系维护。

（1）选择发声对象，启动口碑营销

启动口碑营销，企业首先要考虑谁会主动谈论你、选择谁来发声。不同的第三方发声身份会给用户带来的不同感受，常见发声对象有行业评价、媒体、网民等。①行业内的专家对一个企业或产品的评价发声代表了行业对某一企业或产品的认可,更易使用户对该企业或产品产生一种安全信赖感。②相关媒体或大型媒体平台对某一品牌的报道反映了品牌的知名度,也能够使用户对其实力进行判定。③网民的发声看似与产品关联不大,但网民的评价会给用户带来一种公正性的感受,特别是使用过该产品的网民,从用户角度分析评价一个产品,更易使用户信赖接受。

(2) 确定传播话题,给用户一个传播理由

口碑营销就是一个寻找话题并持续炒作的过程,因此,传播话题的选择至关重要。传播话题既可以是产品的某一核心卖点,比如手机的拍照效果、性价比等,也可以是产品相关内容(话题、事件),企业可以制造一些合乎情理又出人意料的噱头让人们尤其是潜在用户来谈论,给他们一个传播的理由。

(3) 选择传播渠道,让话题更高效传播

每一款产品都有固定的目标用户,而这部分群体也有自己喜欢的活跃平台,每个传播渠道也有自己的特点,所有只有针对性地选择传播渠道才能使话题传播更高效。比如,专业性的评论可发布于专业的行业论坛,问答式内容可发布于百度知道、知乎等,对某一产品的讨论可发布于论坛等。

(4) 跟踪话题传播,做好新用户关系维护

企业要积极参与话题的讨论与传播,并在与用户的互动中不断输出企业产品信息,在保持内容热度的同时抓住潜在新用户,做好新用户关系的维护。

 |讨论与思考|

当某大学城的水果摊贩在为联合垄断该大学城的水果市场洋洋得意时,一场针对水果摊的营销理论实践活动正悄然发生。该大学城的水果被小商贩垄断,相对来说价格比较高。一位学妹为了买到更便宜、更新鲜的水果,找到了一些能进货的学长、学姐,并自己建了一个微信群。每天早晨,她会把一些水果信息发到群里,然后大家一起订水果,下午4点半左右进行配送,一天能达到140~150单。

结合本节所学知识,分析上述案例涉及的营销策略。若换作你,你会采取什么样的营销策略?

5.3 步骤三：拓宽互联网运营渠道

> 互联网运营是通过搭建产品与用户之间的桥梁，不断向用户传递产品价值，进而达到"用户获取"和"用户维系"两个目的。
>
> ——佚名

企业通常以营利为目的。市场营销是企业通过用户的回报与成本的差价获取利润，而互联网运营是通过连接产品和用户，售卖用户的注意力及影响力，间接从用户身上获取利润，在产品高度同质化、创新空间越来越小的今天，各企业产品之间的竞争越来越转向运营的竞争。

5.3.1 互联网运营理念演变

| 案例剖析 | 一个理发店的运营之道

理发店同电影院、饭店一样，都属于区域性服务型的服务业，以下为理发店的部分运营策略。

1）在附近的商圈和社区派发传单，凭传单可享受七折优惠。

2）剪发后，自拍发微信朋友圈，并且定位本店面地址，将给予半价优惠。

3）与旁边的奶茶店合作，理完发可以去隔壁奶茶店免费领一杯奶茶，同样，在隔壁奶茶店买了奶茶，可享受理发八折优惠。

4）消费一次赠送一张洗剪吹优惠券，消费满三次返利20元。

5）将现有客户群体中低付费能力客户淘汰，持续转化高付费能力客户。

6）对理发师服务进行打分和评价。

知识探究

运营作为伴随互联网产生的一种职业，回溯起来，其产生不过短短十几年，却逐步成为各类企业岗位设置的"标配"。下面主要介绍互联网运营的发展与演变。

1. 互联网运营萌芽：网络编辑、公告板系统管理员

1994年，我国首次接入互联网。那时，互联网对于人们最大的吸引力是"信息"，围绕着"信息"的获取和消费，国内诞生了最早的两种产品形态——"门户网站"和"公告板系统"（BBS）。其中，"门户网站"的代表有新浪、搜狐、网易，"BBS"的代表有天涯社区、猫扑、西祠胡同及各大门户网站下属的论坛。

因为要保证"信息"的供给与消费，就要做好"信息"的更新和推荐，此时，互联网运营开始萌芽，诞生了网络编辑和BBS管理员两类岗位，负责"用户管理""内容维护"工作，比如内容的采集、编撰和写作，论坛中的加精、置顶、删帖等。

2. 互联网运营雏形：在线推广、社区管理

1998年，微软Windows 98操作系统的发布及综合业务数字网（ISDN）的普及极大地推进了中国互联网的发展，联众和OICQ（后更名为QQ，如图5-8所示）的先后上线更是进一步增加了网民数量，互联网的商机也随之出现。1998年法国世界杯期间，新浪网以24小时滚动播出新闻形式吸引了大量网友，并借此获

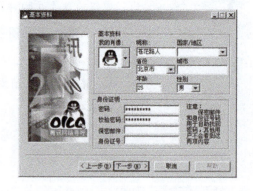

图5-8　QQ软件用户界面

得了18万元广告收益，于是人们开始意识到"做互联网就必须要把流量做大"。

随着网民数量的增多，部分论坛和BBS的管理也开始越发复杂起来，管理员开始探索管理方法，于是诞生了互联网运营的雏形——在线推广、社区管理，负责"导流"及社区管理运营。

3. 互联网运营成长：内容运营、线下地推、用户维系、电商运营等

自2001年开始，网游快速兴起，电商飞速发展，伴随着网民数量的飞速上升，整个行业对于"流量获取"越发重视，比如，"游戏点卡"的售卖发展了大量的线下渠道和代理商，增加用户在线购买游戏装备或增值服务，通过打造"爆款"等手段培养在线店铺的用户忠诚度等，先后诞生了"线下地推""用户维系""电商运营"等岗位。

正是在这一时期，互联网行业中（如新浪、天涯社区、猫扑等互联网公司）开始有了"运营"的叫法。比如，以往的"编辑"开始被叫作"内容运营"，而以往的"社区管理"则开始被叫作"社区运营"。

究其原因，主要是随着互联网行业的发展以及网民数量的持续提升，流量的获取来源不再单一，而是越来越丰富和多样化，且技术含量和讲究也越来越多、越来越复杂。比如，以往的"编辑"除了要写好文案，还需要考虑内容本身对于搜索引擎怎样能够更友好、什么样的标题更容易获得流量、相关稿件是否可以与其他媒体或站点进行合作与分发等。

4. 互联网运营发展：公众号运营、社会化媒体营销、各类App推广

自2005年开始，中国互联网用户超过1亿人，"由公司和网站雇员主导生成内容的产品模式"转变为"由用户主导生成内容的互联网产品模式"。在这一时期，"用户"和"个体"的力量开始在互联网世界中变得越来越大，意见领袖和大众舆论的力量开始能够渐渐压过甚至引领传统媒体，运营的核心也从"对于关键渠道的占据和流量获取效率"转变为"传播"，即通过一些趣味性或话题性的内容或事件策划，在整个互联网世界中借助微信、微博、BBS等力量广泛传播。

5. 互联网运营巅峰：线上线下融合的多渠道运营

自2013年之后，整个互联网世界的用户增速开始明显放缓——按照中国互联网络信息中心（CNNIC）的数据，从2013年到2016年的3年间，网民数量不

过才增加了区区 1 亿人，成为互联网在中国诞生迄今为止用户增速最为缓慢的一段时期。在任何一个市场内，当"绝对用户数量"的增长空间已经不那么明显时，竞争的重点就会开始调转方向，要么是开辟新的战场，要么是在原有的基础上做得更加"精细"，抢占用户使用和触碰频次更高的场景。这是永恒不变的规律。

由于竞争的激烈和用户时间、注意力等的逐渐稀缺，对于企业来说，单一的运营方式效果一般，"线下地推+线上推广+公共关系（PR）传播"等多渠道运营方式开始盛行。

回溯互联网运营 20 余年的演变，我们可以发现，所谓"运营"，其实是通过各种手段来达到"用户获取"和"用户维系"两个目的。特别是步入移动互联网时代后，随着运营渠道的增多，运营之间的竞争更加丰富立体，它既包括传统的推广和获客，又包括更加精细的用户维系，还包括抽象的"品牌塑造"和"传播"。为了更好地区分和学习互联网运营，我们按照工作的侧重点，将互联网运营分为"用户运营""内容运营""活动运营"三大模块，当然，这三大模块之间仍然会出现部分交叉，但都是为了达到"用户获取"和"用户维系"的目的。

5.3.2 用户运营：精细管理用户

案例剖析 小红书的用户运营之道

小红书（见图 5-9）创建于 2013 年 6 月，开始是以社区内容分享为主，包括美妆、个人护理产品等，后来又涉及运动、旅游、家居、旅行、酒店、餐馆等内容的分享，并引导用户进行交易。截至 2019 年 10 月，小红书月活用户数已经过亿。

能在竞争激烈的电商环境下取得如此骄人的成绩，小红书采取了哪些用户运营策略呢？

1）提高用户原创内容占比。用户打开小红书 App 时，第一眼看到的不是商城，也不是促销，而是内容。

2）邀请当红明星入驻平台。因为明星本身就是带有巨大流量的关键意见领袖（KOL），邀请明星入驻平台就能直接把一部分明星的粉丝转化为用户。

图 5-9 小红书主视觉海报

3）持续优化"发布笔记"这一产品模块。为方便用户发布笔记，小红书把这一入口放在了 App 底部正中间，让用户打开软件就能看到。因为在产品初期，小红书的用户群体以女性为主，通常女生比男生更喜欢分享、记录生活，发布笔记这一模块恰好满足了她们爱分享的需求。除此之外，小红书还给用户设置了专门的成长体系，通过给他人的笔记点赞、收藏他人的笔记、发布自己的笔记等方式来进行升级，每升一级就可以获得与等级相符的特权。

 知识探究

随着流量红利时代的结束，在产品导入期，如何高效获取用户成为初创企业不得不面对的问题。当产品发展一段时间后，初创企业需要对用户进行精细化的管理和维护，以实现用户价值的最大化。用户运营就是以产品用户的获取、活跃、留存、付费为中心，遵循用户的需求，制订运营方案，严格把控运营过程，以达到预期设置的运营目标。

在传统业务中，用户与用户之间大多是相互孤立的，互联网的高速发展与普及加深了产品与用户之间、用户与用户之间的关系，丰富了用户行为数据。因此，我们可以建立更加精细化的用户运营模式：AARRR 模型（见图 5-10）。AARRR 模型涵盖用户获取到产品传播的全过程，具体包括获取（Acquisition）、活跃（Activation）、留存（Retention）、收入（Revenue）、传播（Refer）五个步骤，整个 AARRR 模型就像漏斗一样，通过层层转化完成高质量用户增长和产品传播的过程。

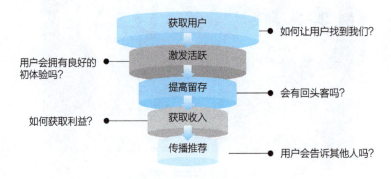

图 5-10　AARRR 模型

（1）获取用户

获取用户是指企业通过各个渠道发布产品相关信息，吸引用户前来注册或使用的过程。目前，获取用户的渠道形式丰富多样，如搜索引擎、微信、微博、今日头条等自媒体、网站广告、线下活动、会展行业沙龙等，每个渠道获取用户的数量和质量是不一样的，这时就需要运营团队根据整个产品的用户画像和产品调性来选择应有的渠道，特别是初创团队，在资金有限的情况下，应重点关注那些投资回报率（ROI）比较高的推广渠道。

（2）激发活跃

活跃的指标有日活跃用户、周活跃用户、月活跃用户等。其实，在获取用户的过程中，部分用户可能是通过终端预置（刷机）、广告等不同的渠道接触产品的，如何将这些被动用户转化为活跃用户是激发活跃的重要任务。激发活跃常用的方法一般是搭建用户激励体系，促使用户每天完成相应任务，提高活跃度，提升用户对平台的价值。当然，不同类型的产品对活跃的定义是有区别的，比如，社区类产品的活跃是希望用户能够每天都能登录、发帖、评论，所以很多社区类产品推出用户成长体系；在线教育类产品则比较关注用户的学习时长、练习次数等，所以很多在线教育类产品推出免费体验课。

（3）提高留存

留存的指标有日留存率、周留存率、月留存率等。如果产品缺乏用户黏性，则很容易出现新用户不断涌入，而又迅速流失的现象。这不仅浪费运营成本，还影响产品的用户形象。比如一家饭店，如果用户吃过一次后不会来第二次，相信很快这家饭店就会关门停业。提高用户留存的常用方法有：①优化迭代产品功能，保持产品竞争力；②加强留存指标监控，并采取相应的措施在用户流失前激励这些用户继续使用产品。

(4) 获取收入

通过提高留存来维护用户忠诚度的同时，企业需要考虑的便是如何寻找合适的机会获取收入，实现盈利。在当前市场环境下，获取商业盈利，往往可以通过两种方式：一种是产品及服务变现；另一种是流量变现。不同的用户群体，商业盈利的方式及侧重点均有所不同。根据用户付费习惯及消费意识，可以将用户群体大致分为免费用户、普通付费用户、优质付费用户三类。不同群体的需求及用户行为往往不同，从他们身上获取收入的方式自然也不尽相同。

1) 免费用户群体。在他们的意识中，互联网上的东西本就应该是免费的，想让他们支付购买非常困难。对于这类群体，我们想从中获取收入，最恰当的便是采用流量变现的方式。而在流量变现的基础上，我们可以通过产品及运营上的引导，挑战他们的免费观念，引导他们转变为付费用户。

2) 普通付费用户群体。他们有一定的消费行为及消费意识。对于这类群体，我们需要挖掘的便是如何持续让用户产生消费行为，提高消费金额及频次，养成消费习惯，以此来提高商业盈利。

3) 优质付费用户群体。他们是产品的头部用户，在产品消费中支付的金额较大，是产品的忠实粉丝。支付的金额能获取的实际价值往往不是他们最看重的，通常他们看重的是产品能够带给他们的精神享受。对于这类群体，维护消费后的用户体验、提高门槛成为最重要的东西。与众不同的待遇是这类群体极力追求的，即使门槛非常高、需要支付的金额较大。

(5) 传播推荐

社交网络的兴起促成了基于用户关系的口碑营销，这是低成本推广产品的全新方式。运营团队可以采取利益驱动等激励手段让用户在社交媒体上自发传播。比如，老用户推荐新用户注册，老用户就会得到现金奖励或折扣券；老用户邀请新用户拼单，老用户就能以低价价格获得该产品等。

获取用户是运营的基础，激发活跃才能让产品有生命力，提高留存减少流失才能让用户规模越来越大，获取收入是产品和团队持续运营的关键，传播推荐可降低运营成本，提升产品知名度。

5.3.3 内容运营：传递产品调性

案例剖析 | 一家餐厅的内容营销

你准备和朋友找一家西餐厅吃饭，于是一边在街上逛一边寻觅合适的餐厅。突然，一家装修精致典雅的餐厅吸引了你的眼球，随后你和朋友在该餐厅落座，一边谈笑风生一边点单。

这时，你被餐厅中的吊灯所吸引，甚至连吧台的摆饰都能让你兴奋，便迫不及待地和朋友对餐厅中的各种装饰进行了拍照。此时不需要任何暗示，你都知道这家西餐厅的装修非常有特色。离开时，你对餐厅的出品赞不绝口，对这家餐厅的印象就更加深刻了。

在这个场景中，"你"是用户，"吃饭"是需求，"食物"是产品，"餐厅"是内容。简而言之，通过依附产品的内容运营，不仅满足了用户的消费需求，还与用户产生了情感共鸣。

因此，内容运营的关键作用在于建立连接，让用户通过特定途径来了解产品和使用产品，同时也向用户输出产品特定的价值观，从而吸引目标用户使用产品。

 知识探究

任何一款产品都是用内容进行填充的，而内容的来源、挖掘、组织、呈现、通知的方式和质量会对内容运营的效果产生巨大的影响。内容运营就是运营者通过创建、发布及传播合理的内容，连接产品与用户，向用户传递产品调性，进而实现"用户获取"和"用户维系"的过程。内容运营分为内容运营策划、内容运营实施、内容运营效果分析三部分。

（1）内容运营策划

做内容运营策划方案时，运营者需要从运营背景、产品受众、运营目标、策略与应对四个方面入手，重点考虑如何处理品牌与内容的关系、如何最大化地实现品牌传播效果、如何与品牌整体战略相匹配。

（2）内容运营实施

内容运营实施环节重点解决内容和平台两个问题。

1）内容。信息收集阶段要抓热点，并提前做内容价值判断筛选。信息加工阶段做到专业性强、内容聚焦、通俗易懂。信息发布阶段做到受众清晰、时机恰当。常见的内容素材有：①热点性内容。热点性内容是指某段时间内搜索量迅速提高、人气关注度节节攀升的内容。②时效性内容。时效性内容是指在特定的某段时间内具有最高价值的内容。③即时性内容。即时性内容是指内容充分展现当下所发生的物和事。④持续性内容。持续性内容是指内容含金量不随时间变化而变化，无论在哪个时间段内容都不受时效性限制。⑤方案性内容。方案性内容是指具有一定逻辑、符合运营策略的方案内容。⑥实战性内容。实战性内容是指通过不断实践在实战过程中积累的丰富经验而产生的内容。⑦促销性内容。促销性内容是指在特定时间内进行促销活动产生的运营内容，促销性内容的价值往往体现在提高企业更加快速地促销产品、提升企业形象上。

2）平台。在平台选择上，运营者要综合考虑平台的性质及目标用户的覆盖范围。常见的平台有传统媒体（即报刊、户外、通信、广播、电视等）、自媒体（即博客、微博、微信、百度贴吧、论坛/BBS等网络社区）。

（3）内容运营效果分析

运营者通过查阅各发布平台的相关数据，如阅读数、转发量、点赞数等，分析"用户获取"和"用户维系"，进而评估内容运营的总体效果。

5.3.4 活动运营：引起用户关注

| 案例剖析 | 酒香真的不怕巷子深吗？

曾几何时，"酒香不怕巷子深"成为一个时代企业人的共同认知。

在那个年代，没有网络，没有营销，没有运营，产品的好坏只能通过人们的口碑去传播。只要产品好，就真的不怕巷子深，不管多么偏远都会有人来买。但"酒香不怕巷子深"这个理念放在我们现在所处的时代里，还适用吗？

小张是一个咖啡狂热者，最近辞职创业，和朋友开了一家咖啡店，因为自己是设计出身，所以他在店面装修上花了不少心思，但是新店开业却没多少人注意到这家店。

他认为自家的咖啡比附近星巴克的好喝，并且装修也不比星巴克差，为什么没多少人注意呢？他越想越着急。于是，他走向店里仅有的一名客人，想从他那里获得点意见。

客人对他的咖啡店评价道："这里咖啡很不错，装修也很好。"

这完全是对咖啡店的肯定，小张更加纳闷了，追问："那为什么没多少人进来呀？"

客人说道："新店，没多少人发现啊，也没理由从星巴克换到这里吧？况且又不知道你店里咖啡不错，是吧？"

小张恍然大悟，因为没理由来尝试，所以也不知道这里的咖啡好喝，自然没有人会来。

都说"酒香不怕巷子深"，但是，现今酒再香也怕巷子深。咖啡店再好，也只是安静地躺在那里，没人发现它，这时需要"一只手"把客人拉进来。"这只手"就是活动，如新店开业满一赠一、半价特惠、企业会员等，客人进店享受美味的咖啡以及精美的装修，从而带动后续消费以及口碑传播。

 知识探究

活动运营是企业在对目标用户科学分析的基础上，找到可以诉说的共同话题，通过富有创意的活动形式展示出来，在占领用户心智的同时引导用户裂变传播，形成轰动效应的过程。通过活动运营可以吸引用户关注，拉动用户贡献，强化用户认知。那么，我们该如何去策划一个活动呢？如图5-11所示，活动运营流程主要包括活动前、活动预热、活动中、活动后四个阶段。

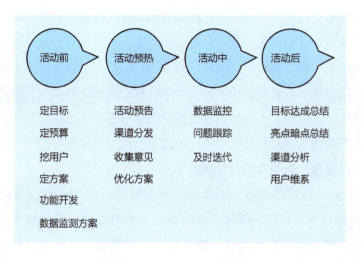

图 5-11 活动运营流程

（1）活动前确定活动运营方案

1）明确活动目的。如图 5-12 所示，一般活动目的有拉新、留存、促活、新品、促销、品牌。不同的活动目的对应不同的活动形式、活动主题、奖项设置。需要注意的是，一个活动的目的不宜过多，最多不能超过两个，比如既要品牌宣传，又要销量，也要关注公众号，还要用户留下手机号码，这时用户的直观感受是 H5 很复杂、步骤很长，这样非但达不到效果，反而会引起更多的负面影响。所以目的不宜超过两个，主题突出，简单易懂，能一下子吸引用户眼球。

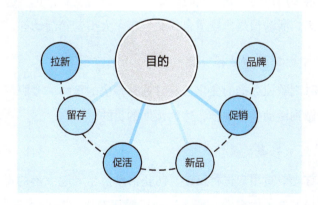

图 5-12 活动目的分类

2）分析目标用户。知己知彼，才能百战百胜。明确了自己的目的，还要结合目标用户的需求，然后从中找到契合点。比如我们的目的是挽回流失的用户，那么我们就需要去找到这批用户，分析用户的特征、体量，尽可能找到共性，必要时结合问卷调查、访谈来找到用户流失的原因，再有针对性地采取相应的挽留手段。假设通过分析，我们流失的用户量是 10 万人，目标是挽回 5 万人的流失用户，这些用户基本是首次购买后超过半年没有二次购买的用户，并且绝大部分是在促销时购买，明显属于价格敏感型用户，对产品不够忠诚，再加上抽样的问卷调查，发现这些用户对产品已失去兴趣或者已找到其他更好的替代品。通过分析后，我们就可以采取相应的活动策略了。

3）确定活动形式和创意。创意的本质是解决问题的过程，创意也必须解决问题，否则并不是有效的创意。活动本身导向的需求要与产品本身满足的需求一致，比如网约车平台的活动，打车后就送优惠券，分享给好友也可以抢优惠券，假设改成送其他企业的产品，相信转化率会很低。活动满足的是低层级的需求时越容易具象化，但也更容易使用户流失，比如扫描二维码送油、送米；反之，活动满足的是高层级的需求时，活动越抽象，越难形成传播，而一旦吸引了用户就很容易转化为核心用户，比如参加非政府组织、选出你心目中最美的那个 ta。

（2）活动预热，提升用户参与度

一般活动预热的手段有微博大号关键意见领袖（KOL）转发、官方微博话题讨论、多渠道宣传等。比如小米在 QQ 空间的预售活动——预售前举行猜价格活动，这调动了很多用户的心弦，同时也激发了一波转发和讨论，逐步把整个未来的活动推向高潮。活动预热比较适合新品发布、大型营销活动等。

（3）活动中时刻监控数据变化

活动中要时刻监控数据的变化，及时调整相应的策略，客服等人员积极应对用户的反馈，做到活动整体顺畅，达到预期的目的。

（4）活动后做好事后反馈

活动后，首先要对用户进行反馈，防止活动发生大起大落的现象。比如宣传新品时，给用户发放了优惠券，那么活动后需要对用户进行优惠券到期的提醒，引导用户重新回流。其次要做好活动总结，为下次活动积累经验。最后要检查活动系统是否真正结束，防止带来不必要的用户投诉。

讨论与思考

选择市场上某款成熟产品或以自己正在规划的产品为例,分析或设计此款产品的运营方案。

 项目训练卡

某企业开发了一款针对年轻人的游戏,游戏内容积极向上,目前产品已经成熟,目标用户年龄层次为 18~30 岁。现在,企业的营销和运营预算是 100 万元,希望在三个月内获得 100 万名真实的大学生注册用户。如果你是该企业的负责人,你会如何制订市场营销与互联网运营方案?具体要求见表 5-2。

表 5-2 市场营销与互联网运营训练与实践

任务明晰	制订一份市场营销与互联网运营方案	
实施目标	针对企业开发的游戏产品,合理利用 100 万元预算,在三个月内,获得 100 万名真实的大学生注册用户	
实施名单		团队名称
活动道具	白纸、白板、便签贴	
活动步骤	(1)以小组为单位,针对企业开发的游戏产品,合理利用 100 万元预算,在三个月内获得 100 万名真实的大学生注册用户 (2)制订详细的市场营销方案及互联网运营方案	
过程呈现	小组讨论,形成 PPT 演示文稿,演讲分享,全班讨论	

第 6 章
如何进行产品复盘

 本章知识点思维导图

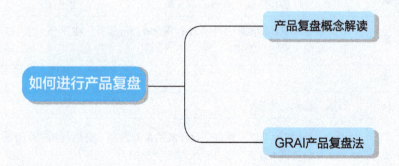

6.1 产品复盘概念解读

> 在这些年管理工作和自我成长中,"复盘"是最令我受益的工具之一。
> ——联想集团创始人柳传志

复盘不是结束,而是开始,比复盘更有意义的是复盘后的行动。人的选择无法超越自己的认知,每个选择都是当时阶段的最优解,有些选择或许会导致失败,但复盘可以持续提升认知,帮助我们做出更好的选择。

案例剖析   围棋术语——复盘

围棋是一种策略性两人棋类游戏,使用方形格状棋盘及黑白两色圆形棋子进行对弈,棋盘上有纵横各19条线段将棋盘分成361个交叉点,棋子走在交叉点上,双方交替行棋,落子后不能移动,以围地多者为胜。

"复盘"一词出自围棋术语(见图6-1),也称"复局",是指对局完毕后,复演该盘棋的记录,以检查对局中招法的优劣与得失关键。围棋高手都有复盘的习惯。复盘就是每次博弈结束后,双方棋手把刚才的对弈再重复一遍,这样可以有效地加深对这盘对弈的印象,也可以找出双方攻守的漏洞,是提高自己水平的好方法。棋手在平时训练时大部分时间并不是在和别人博弈,而是在复盘。

复盘就是把当时"走"的表面过程重复一遍,从内容上看,复盘可以对双方的心理活动有一个比较全面的把握,即当时是如何想的,为什么"走"这一步,如何设计、预想接下来的几步。在复盘中,双方进行双向交流,对自己、对对方走的每一步的成败得失进行分析，同时提出假设，如果不这样走，那么还可以怎样走，找出最佳方案。

图6-1 "复盘"一词出自围棋术语

 知识探究

"复盘"最初流行在围棋行业，但现在广泛应用于企业产品开发，产品复盘能够让我们站在顶端，俯视整个项目从开始到结束的过程，总结反思产品开发中遇到的问题，从问题中不断学习、积累经验，并将经验转化成自己的能力。

1. 什么是产品复盘？

产品复盘是产品团队从产品背景、目标、效果、分析、总结等方面进行总结反思的过程，可以帮助企业梳理项目从开始到结束的全过程，定位每个环节中的问题，抽丝剥茧，获得问题源头，并从问题中积累经验。产品复盘就像一次思想的迭代，为下一次做出更好的产品做准备，也像一次成果分享，与团队成员共享工作成果。

2. 为什么要做产品复盘？

（1）产品复盘是最有效的自学方式

大部分事情没有人天生就会，都是通过后天学习掌握的。做产品也一样，没有人天生就会开发产品，都是后天自主学习的。通过复盘整个产品的开发过程，总结成功的经验，检讨失败的原因，掌握产品开发各流程环节的注意事项及相关规律，这才是最有效的自学方式。

（2）产品复盘是一个不断校正路线的过程

行军打仗，最怕方向和路线错误，一旦错误，则再努力也到达不了目的地。产品开发同样如此，若大方向错误，比如产品定位或者技术方案复杂昂贵等，开发出的产品必然难以被用户接受，只有通过阶段性的产品复盘，不断修正产品开发当前环节中的问题，及时调整方案进行小版本迭代，才能打造出用户满意的产品。

3. 什么时候进行产品复盘？

产品复盘分为小复盘和大复盘。

（1）小复盘

每个月或每个季度，我们都要审视一下是否达成了产品目标，与产品目标相差多少；回顾一下过程，可以分为几个阶段，每个阶段都发生了什么；分析一下得失，哪些方面做得好，哪些方面做得不好。对规律进行总结，如果再次做同类事情，我们应该如何做才能做得更好？下个月或下个季度，有哪些可以改进的地方能让我们做得更好？

（2）大复盘

每做完一个产品或项目，我们都要对照目标结果，腾出时间进行过程回顾，分析得失以及总结规律，我们就会不断提高自己的思维能力以及执行能力，同时让自己保持在正确的航线上向目标前进。

 讨论与思考

柳传志曾经说过："复盘很重要。想想做成一件事有哪些是偶然因素，别以为是自己的本事。尤其是失败后，要血淋淋地解剖自己，不留任何情面地总结自己的不足。这样，你的能力自然会不断提高。"

很多人行动力很强，但是他们不善于发现问题，有问题的时候，还继续使用原来的方法，进而陷入"低效勤奋"的"死循环"。请结合自己的成长经历，选择一件印象深刻的事情进行自我复盘。

6.2 GRAI 产品复盘法

> 每当做出重要决定或采取重要行动时，你都可以事先记录下自己对结果的预期。9~12 个月后，再将实际结果与自己的预期比较。
>
> ——彼得·德鲁克

案例剖析 美国军队的"行动后反思"

第二次世界大战期间，美国空军优势都很强，空战交换比能达到 5:1，甚至有时候是 10:1，也就是打掉对方五至十架飞机，自己才损失一架。然而在越南战争期间，美国空军/海军的 F-4 战斗机明明比越南人民军的米格-21 战斗机性能好，可是空战交换比居然只有 2.3:1。由于无法承受这样的损失，因此在 1968 年美国将空战停止了一整年。

在停止空战的这一年内，美国海军想了一个新方法去训练飞行员，而空军并没有采用这个新方法。过去旧的训练方法是 F-4 战斗机飞行员对抗 F-4 战斗机飞行员，这两个飞行员的思路是一样的，没有针对性，他们不知道米格-21 战斗机飞行员是怎么想的。而海军的新方法有三个原则：①一切动作和结果都要记录在案；②训练中设置有针对性的"假想敌"，越真实越好，最好还要让"假想敌"比自身更厉害；③必须进行行动后点评，点评中每个动作都可能受到质疑，比如，当时为什么要做这个动作，如果换个做法会怎么样。

一年后空战重新开始，美国海军的空战交换比从 2.4:1 提升到了 12.5:1。美国空军坚持旧的训练方法，他们的空战交换比从 2.3:1 降到了 2.0:1。

从此之后，这个训练方法向美国全军推广。现在，各类商业组织也在应用此类方法，比如华为内部就很推崇这种行动后反思（AAR）方法，回顾相关三要素：原本期望发生什么？实际发生了什么？为什么没达到预期，如何改进。

 知识探究

1. GRAI产品复盘法实施步骤

GRAI产品复盘法（见图6-2）是行动后反思（AAR）在商业领域的映射与补充，将整个复盘过程分为回顾目标（Goal）、结果（Result）陈述、分析（Analysis）原因、归类总结（Insight）四个步骤。

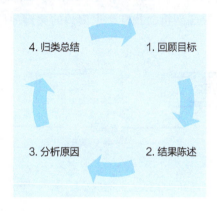

图6-2　GRAI产品复盘法

（1）第一步：回顾目标

项目立项前我们会明确预设目标，如果目标本身不合理，那么复盘得出的结论也很难有说服力，所以在复盘时要从目标设定的合理性入手，当初是基于怎样的条件设定的目标，目标设立的初衷是什么。一般我们需要回答以下几个问题：

1）用户的需求是如何从提出到立项的？

2）想要实现的目标和收益是什么？

3）最初的计划是怎样的？（绩效目标）

4）预期的风险和应对措施是怎样的？

（2）第二步：结果陈述

在回顾目标后，需要对照目标和结果发现差距或差异，为了更直观地体现结果是否达到预期,最好将实际结果和各个子目标指标进行对比(绝对值/百分比),这样评估的结论更客观。同样,我们需要回答以下几个问题:

1)最初的目标和收益有没有实现?

2)最初制订的计划执行情况如何?(可以展开阐述,如进度计划、成本计划、资源计划等)

3)预期风险是否发生?应对措施是否有效?

4)发生了哪些意料之外的事情?有何影响?发生的原因是什么?

(3)第三步:分析原因

在陈述结果后,就到了复盘的核心环节——分析原因。原因分析是否到位决定了复盘的有效程度。我们可以从预期不一致的地方出发,尝试采用"鱼骨图"分析法(见图6-3),层层剖析,找准产生偏差的关键原因,并尽可能地结合项目现有数据进行验证。

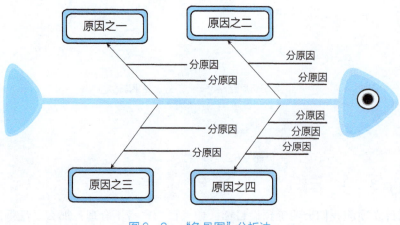

图6-3 "鱼骨图"分析法

同样,分析原因部分我们需要回答以下几个问题:

1)目标或收益没有实现的原因是什么?

2)导致项目绩效问题的原因是什么?(这是对执行过程的复盘,也可以从主观和客观的角度分别分析)

3)风险应对措施不好的原因是什么?

4)为什么有些意料之外的事情未被识别为风险?

(4)第四步:归类总结

很多时候我们会忽略或不重视归类总结,其实这一步很关键。产品复盘是否有效就看最后这一步有没有落实。归纳总结包括总结和改进两部分。①总结是对整个产品开发过程的回顾，特别是分析原因后得出的结论需要重点回顾，以促进达成共识。②改进是针对产品开发过程中总结出来的问题给出解决方案，以便在未来新产品开发中避免出现类似问题。

以上整个过程均需要记录纪要，并作为产品的过程资产归档。对于改进计划的落实，有必要设置检查点和负责人。GRAI 产品复盘法并不只是方法，更重要的是让我们养成产品复盘的习惯。

2. 以 ×× 影音娱乐产品为例，进行产品复盘

其实，大多数产品是经过满怀梦想的立项、信心满满的开发、毫无起色的运营以及沮丧失望的坚持之后痛苦地走向死亡的，市面上幸存下来的产品都是位于金字塔顶端的佼佼者，其背后的"尸骨累累"才是值得我们警醒和思考的……

（1）第一步：回顾目标

×× 公司是一家智能硬件产品研发公司，其核心产品是笔记本电脑，具备自有品牌，在行业内处于中上游水平。在目前知识产权越来越受重视的大环境下，"知识付费"已成趋势，互联网初期的"免费"思维寸步难行。视频用户想看最新的热门影视资源，需要在各大视频网站上充值；游戏用户想用别人的账号，需要通过租赁或购买的方式获得账号的使用权；音乐用户想听最新的歌曲，同样需要购买。

与此同时，笔记本电脑也面临一个行业性问题，即除了苹果公司旗下的 Mac 系列之外，Windows 阵营的电脑大多大同小异，难以有差异化产品。受到智能手机和平板电脑的影响，近几年笔记本电脑市场一直是平稳发展并伴随一些萎缩的。

于是，×× 公司就构想了一个新的发展战略——软硬件一体化，在自家的笔记本电脑上搭载一款独特的"影音娱乐平台 X"，毕竟这么做的公司都非常成功，比如苹果、小米，而对外宣传和包装上也非常诱人："我们正在打造一款未来的笔记本电脑，它很好地整合了影音、娱乐以及游戏。"

很快，×× 公司对产品功能进行了具体设计，并撰写了 PRD。当时 ×× 公司设计的四个主要功能如下：

1）影视功能。在"影音娱乐平台 X"上，用户可以免费观看各家视频门户网站的收费视频，省去了在各大网站都需要购买 VIP 的烦恼。

2）游戏功能。当时《守望先锋》特别火，在"影音娱乐平台 X"上，用户可以直接玩《守望先锋》和《暗黑破坏神 3》等暴雪旗下游戏，而且是免费的。

3）资讯功能。在"影音娱乐平台 X"上，用户可以查看当下最新的游戏和体育资讯。

4）商城功能。商城就是一个虚拟货币兑换的地方，当用户积累到一定程度时，可以兑换一些小礼品。

由于企业高层的推动及用户的刚需，"影音娱乐平台 X"就这么顺利地立项了。

（2）第二步：结果陈述

在产品立项之初，企业计划在三个月内将产品开发出来，但在实际开发过程中却发现根本无法谈妥影视和游戏的版权问题，而开发团队是外包，导致项目开发进度长时间延期，最后产品夭折。

（3）第三步：分析原因

1）过度关注"梦想"和"愿景"，忽略了自身能力和当前实力。

这款影音娱乐平台产品规划的很宏大，却在实际落地时变成了"不可能完成"的任务。产品规划之初只考虑将视频资源进行整合，却没有考虑过视频的资源都会涉及版权问题，而版权问题又是各大视频门户的核心竞争力，对方怎么会轻易把自己的核心竞争力拿出来供他人使用呢？另外，在规划游戏功能时，计划打造一个巨大的游戏平台，但是对于游戏领域，企业却没有任何积累，直到去找游戏公司沟通时，才了解到自身的不足。

2）过度信赖自身实力，低估了软件开发的难度。

很多没做过软件开发的企业在创业之初会低估软件开发的难度，他们认为软件开发就像盖房子一样，招聘几个专业的开发人员、搭建一个产品团队，产品很快就出来了。

××公司在这款产品"影音娱乐平台 X"规划之初也是这样想的，但是实际接触之后才发现软件开发是一个极其烦琐的过程，其中涉及大量的产品漏洞（Bug）、细节优化、后期运维等工作，需要一个专业团队长期进行维护，这是一个持续性的过程。

（4）第四步：归类总结

这款名为"影音娱乐平台 X"的产品在立项之初似乎就注定了失败的结

局。产品团队当时仅仅是提出了美好的产品愿景,而缺乏实际中整合各种资源的能力,而且没有在产品规划之初就提出合理的建议以及危险预警,也没能在后期的资源整合中找到好的解决办法,并且在缺乏求证的情况下就进行了产品设计。

"产品细节要考虑周全并且可执行"这一基本要求在××公司产品规划之初就被忽视了,比如在影视功能设计上,从用户角度会考虑"现在视频网站那么多,各家都需要购买会员(VIP),如果能有网站将所有的视频资源整合在一起就好了",此时,产品团队需要考虑的是:①将视频资源整合在一起会面临什么问题;②现在为什么没有公司这么做,原因是什么;③如果要做,那么是和视频门户谈还是和影视公司谈;④在其他领域(比如音乐)有没有整合的案例,这些案例是如何做的。

通过 GRAI 产品复盘法,我们可以看到××公司有很多错误其实是可以避免的,当然,这次产品的失败给××公司带来了沉痛的教训,希望对初创团队的产品开发有所启发。

| **讨论与思考** |

回忆下你在学校经历过的项目,比如大学生创新创业项目、"挑战杯"系列竞赛项目、社团类项目等,尝试借助 GRAI 产品复盘法,对整个项目过程进行复盘。

| **项目训练卡** |

2012 年随着智能手机的强势崛起,作为老牌手机厂商的诺基亚却无法赶上这波智能手机的潮流(见图6-4),最终消失在主流用户的视野中,并被打上了"失败者"的烙印。一时间,诺基亚竟成了保守、守旧、拒绝创新的代名词,成了手机商业史里的反面典型。

图6-4 诺基亚键盘手机

请查阅相关资料,并结合自己家人或朋友使用诺基亚手机的体验,借助 GRAI 产品复盘法对诺基亚手机进行产品复盘并撰写报告(见表 6-1)。

表 6-1 产品复盘训练与实践

任务明晰	以诺基亚手机为例,撰写产品复盘报告		
实施目标	结合本章所学知识,以诺基亚手机为例,撰写产品复盘报告,加强学生对产品复盘相关知识的理解		
实施名单		团队名称	
活动道具	白纸、白板、便签贴		

参 考 文 献

[1] 德韦克. 终身成长 [M]. 楚祎楠, 译. 南昌：江西人民出版社, 2017.

[2] 陈彦君, 石伟, 应虎. 能力的自我评价偏差：邓宁-克鲁格效应 [J]. 心理科学进展, 2013, 21（12）：2204-2213.

[3] 德鲁克. 21 世纪的管理挑战 [M]. 朱雁斌, 译. 北京：机械工业出版社, 2006.

[4] 艾萨克森. 史蒂夫·乔布斯传：修订版 [M]. 管延圻, 魏群, 译. 北京：中信出版社, 2014.

[5] MIKU, GIAMMONA C, 任扶摇. Chobani：酸奶营销之王的破局之路 [J]. 农经, 2017（8）：84-90.

[6] 温伯格. 系统化思维导论 [M]. 王海鹏, 译. 北京：人民邮电出版社, 2015.

[7] 圣吉. 第五项修炼：学习型组织的艺术与实践 [M]. 张成林, 译. 北京：中信出版社, 2018.

[8] 徐礼伯. 试论企业管理中的系统思维 [J]. 管理科学文摘, 2007（7）：55-57.

[9] 黄景溪. 从冰山模型看大学生创新创业素质的培养 [J]. 科技与创新, 2020（23）：86-88.

[10] 福特. 超级产品的本质：汽车大王亨利·福特自传 [M]. 张舟, 译. 南京：江苏文艺出版社, 2012.

[11] SAUNDERS S G, BORLAND R. Marketing-driven philanthropy: the case of PlayPumps [J]. European business review, 2013, 25（4）：321-335.

[12] 魏丽坤. Kano 模型和服务质量差距模型的比较研究 [J]. 质量管理, 2006（9）：10-12.

[13] 郑良. 自学成才的数学大师华罗庚 [J]. 数学通讯, 2011（02）：64-66.

[14] 张旭. 摩拜单车可持续性盈利模式分析 [D]. 天津：天津科技大学, 2019.

[15] 彭聃龄. 普通心理学 [M]. 5 版. 北京：北京师范大学出版社, 2019.

[16] 叶浩生. 西方心理学的历史与体系 [M]. 北京：人民教育出版社, 1998.

[17] 万新兵. 基于竞争力分析的市场调研方法 [J]. 汽车科技, 2009（02）：65-69.

[18] RONDINEL-OVIEDO D R, SARMIENTO PASTOR J M. Water: consumption, usage patterns, and residential infrastructure: a comparative analysis of three regions in the Lima metropolitan area [J]. Water international, 2020, 45（7-8）：824-846.

[19] 刘海, 卢慧, 阮金花, 等. 基于"用户画像"挖掘的精准营销细分模型研究 [J]. 丝绸, 2015, 52（12）：37-42, 47.

[20] 郝胜宇,陈静仁. 大数据时代用户画像助力企业实现精准化营销[J]. 中国集体经济,2016(04):61-62.

[21] 牟玉壮. 新能源汽车线上电商+线下功能店销售渠道模式研究:基于SWOT分析[J]. 中国商论,2021(01):69-71.

[22] 许琦暄. 基于波特五力模型的我国保健品行业竞争力分析[J]. 全国流通经济,2020(19):12-13.

[23] 陈丹. 波特五力模型分析研究:以长春星巴克咖啡为例[J]. 东方企业文化,2013(09):89.

[24] 黄涓,鲍正德,李晨曦. 旅游网站的建构与设计:以国内六大旅游网站为例[J]. 信息与电脑(理论版),2019,31(22):52-54.

[25] 沈瑞蓉,徐燕翼. 考虑消费者公平偏好行为的概率销售定价策略研究[J/OL]. 工业工程与管理,2021(1):1-15[2021-01-11]. http://kns.cnki.net/kcms/detail/31.1738.t.20210106.1342.004.html.

[26] 张婷. 无场景不消费,步行街成为消费社会新场景[N]. 第一财经日报,2020-10-21(A11).

[27] 季贯中. 软件开发中的需求分析及变更[D]. 上海:复旦大学,2011.

[28] 张朝孝,王旭,杨小菊. 对传统营销理论框架的反思[J]. 中小企业管理与科技(上旬刊),2020(7):165-167.

[29] 孟金睿. 浅析对市场营销及4P理论的认知[J]. 市场周刊,2020(5):78-79.

[30] 薛邦熠. 运用4P和4C营销理论浅析抖音短视频App的营销策略[J]. 新媒体研究,2020,6(8):68-69.

[31] 申玲玲. 内容、技术、运营:国内外主流媒体数字内容付费实践[J]. 新闻世界,2020(12):39-43.

[32] 张鹏. 新媒体广告活动策划策略探析[J]. 传播力研究,2020,4(16):118-119.